髪のこと、これで、ぜんぶ。

360°どこから見ても美人になるヘアレッスン

Satoyumi
佐藤友美

かんき出版

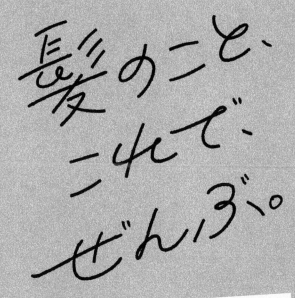

はじめに

ぜんぶ一冊にまとまっていたらいいのにな

あるとき、仕事で髪についての情報を調べようと思って検索をしたら、まあびっくりするほど髪の情報って多いのね、と思いました。

いろんな人がいろんな場所で、とても有益な情報を発信しているのだけれど、いかんせん情報の海すぎて溺れそうになる。何から手をつけていいのかわからない。

その一方で、私は、髪についての取材を受けることが多いのですが、

「てっとり早く若見えするヘアはどんなヘアですか？」

とか

「オーガニックシャンプーは髪にいいんですか？」

など、もう何十回もお答えしてきた質問を、よくされます。

情報はいっぱいあるのに、うまく取り出せない。

そんな、髪についてのあれこれが1ヶ所にまとまって読めたら、みんな（私も）助かるんじゃないかなあと思ったのが、この本『髪のこと、これで、ぜんぶ。』を書くことにした理由です。

この本の作者について

この本を書いている私について、ちょっとだけ自己紹介させていただきます。

本年45歳のライターです。

小学生の息子がひとりいます。

せっかちで、おせっかいな性格です。

仕事には情熱をそそいでいますが、プライベートはずぼらで不器用です。

「今年こそＮＨＫラジオ英会話を聴くぞ」と思って11年目になりました。好きな言葉は「一石二鳥」です。

24歳のときにファッション誌のライターになったあと、ちょっとしたきっかけでヘアページを専門に作る「ヘアライター」になりました。

私自身は、美容師免許も持っていませんし、人にヘアメイクをしたりもできません。が、20年以上髪のプロに取材してきた結果、ヘアデザインやヘアケアのプロから、みなさんが知りたい情報をたくさん教えてもらうことができるようになりました。

パーマ＆カラーや縮毛矯正などの薬剤知識、似合わせと言われるヘアデザインのこと。髪のエイジングや食事法、美容院の選びかたに、美容師さんとの上手な会話テク、失敗しないオーダー法……など。

この本では、そんな髪のプロの人たちから教えてもらった情報を、みなさんにできるだけわかりやすく翻訳してお伝えしたいと思っています。

知っていれば損しないこと

突然ですが、私が、過去人生の先輩から教えてもらったことの中で一番「あー、それを知っていても、何の役にも立たないなあ（失礼！）」と思ったのは、ある富豪の紳士から教えていただいた

「ワインは高い順においしいんです。ですから、どんなお店でもワインリストの下から順に飲むといいんですよ」

という知識でした。

まあ、それはそうかもしれない。でも、それを知っていても1ミリも役に立たない！1本数十万円のワインとか、私、払えないし！　と、思いました（でもにっこり笑って「では、お言葉に甘えて一番下からご馳走になります」と答えました）。

これって、髪でも同じだと思います。

どんなに「これは髪にいいですよ」とか「キレイになれますよ」と言われても、それがべらぼうにお金がかかるものだと、やっぱりできないと思うんです。あとは、すごく難しいテクニックだったり、時間がかかるものも、なかなか続かないですよね。

なので、この本では**「知っているだけで、得すること」「今、やっていることを〝ちょっと置きかえる〟だけでできること」**を、なるべく多く紹介したいと思いました。もちろんお金や時間がかかる項目もあるのですけれど、まずは、そのどちらも不要なことから試してもらえたらと思います。

あと、**ぜんぶやらなきゃ、って思わないでくださいね。**私もぜんぶは無理です。気に入ったもの、気になったもの、やったら気分があがりそうなものをやってみてください。

髪のこと、これで、ぜんぶ。

もくじ

Chapter 1 これだけは知っておいてほしい

Chapter 2 美容院に行く前に勝負は半分決まってる

Chapter 3 美容院ではこうふるまう

TICKET
TICKET
TICKET
TICKET
TICKET

Chapter 4

バスタイムのレディのたしなみ

Chapter 5 洗面台では迷いなく

Chapter 6 お出かけ前に差がつくこと

Chapter 7 いざ、おしゃれするのです！

Chapter 8
あの日もこの日も快適に過ごしたい

Chapter 9 髪だって年齢を重ねるのです

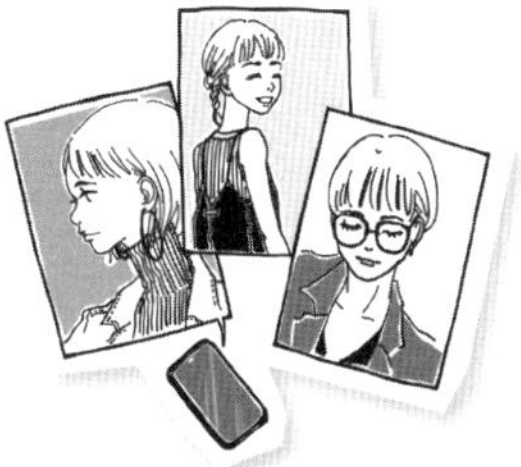

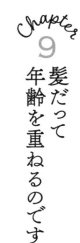

Chapter 10
髪を好きになると自分を好きになる

ブックデザイン／原田恵都子（Harada+Harada）
イラストレーション／coccory
DTP／畑山栄美子（エムアンドケイ）
協力／中野太郎・八木花子（MINX）
相楽顕（lien.）
米田美由紀（ALTI COR NATURE）

まずは、これだけは知っておいてほしいこと、変えてほしいことをまとめました。お金や時間をかけなくてもいいです。知っているだけで、キレイになれます。

Chapter 1

これだけは知っておいてほしい

1 「ツヤ＝健康な髪」じゃない

突然ですが、みなさんは実際の体重と、見た目体重、どっちを重要視しますか？

私は、着やせテクで見た目がすっきり見えるなら実際の体重は気にしない派です。小さい頃から父に、「いいですか。大事なのは、外面《そとづら》です」と言われて育ってきたからかもしれません。

では、髪はどうでしょう。

髪のツヤというと、水分量とか、保湿力みたいなことが重要だと思われがち。そしてたしかに、水分量の多い髪は健康的です。でも、**見た目にツヤがあるように見えるかどうかは、実は水分量ではなく、髪の表面の凸凹が関係しています。**

多少ダメージのある髪でも、髪の表面がなめらかになっていると、光がキレイに反射してツヤっぽく見えます。逆に、実際には健康的な髪でも、髪の表面がうねっているとツヤが出ません。

2

熱でうねりを伸ばせばツヤが出る

ツヤを手に入れたいと思ったとき、てっとり早く凸凹をならして平らにするにはどうすればいいかというと、**髪の表面に熱を与えてうねりを伸ばし、キューティクルを閉じる**ことです。ブローやアイロンなどで熱を与えた髪のほうが、ツヤツヤに見えるのはそういう理由。

光がまっすぐに反射するとツヤ髪に見える

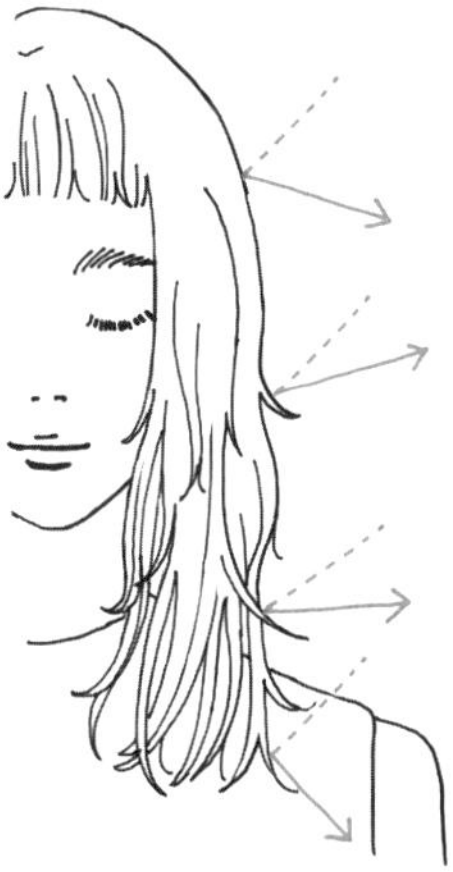

光が乱反射するとツヤが出ない

3 シャンプーのＣＭはなぜストレートヘアの女性ばかりなのか

この答えは、もうみなさん、わかりますよね。

4 イメチェンしたいなら、前髪を変える

髪でぱっと見の雰囲気を変えたいと思ったら、まずは、前髪を変えましょう。

人は会話をするとき、相手の目を見て話をします。だから、前髪や分け目、顔まわりの髪の動きは、ほんの少し変わっただけでも気づきやすいのです。

5 気づかれなくても落ち込まない

髪型を変えたことに気づかれなかったとしても、落ち込まないでください。それは

企業のセクハラ講習のせいかもしれないです。今、（とくに男性が女性の）見た目についてコメントするのって、結構リスクがあるんですよ。

6 耳かけだけでも変われる

そんなに大きなイメチェンじゃなくても、サイドの髪を耳かけするだけでイメージが変わります。

ふわっとして見える！

雰囲気が出る！

シュッとする！

7 大きなほうの目を出す

目を大きく見せたいなら、左右どちらか、自分の大きなほうの目を出すように分け目をとりましょう。分け目変更トレーニングについては、158ページ 179 を読んでください。

8 服を着てからスタイリングする

朝、髪をスタイリングするときは、服を着てからにしましょう。首元がつまっているのか、ネックレスやピアスはするのか。それによって、バランスが変わります。

9 分け目ぼかしで瞬間写真映え

大人の女性向けのファッション誌にのっている写真で、ぴしっとまっすぐ分け目が

ついているモデルさんはほとんどいません。**分け目がしっかりついていると、地肌が目立ったり、髪がぺたんこに見えたりするので、あまりいいことがないから**です。

写真撮影の際には、ヘアメイクさんが必ずといっていいほど、分け目をぼかします。すると、毛量の少なさや薄さが気にならなくなります。

分け目をぼかすというのは、**具体的には、「分け目を一直線にしない」ということ。**

左のⒶ〜Ⓒの中でやりやすい方法を試してみてください！ だいぶ分け目が目立たなくなります。

Ⓐコームの柄でジグザグにする

Ⓑ指でジグザグにする

Ⓒ分け目部分をかきあげて
立ち上がりをつける

10 冷風は扇風機じゃない

髪はたんぱく質なので、温風で形が変わり、冷風でその形が固定されます。なので、たとえば立ち上がりのクセをつけたいときは、マジックカーラーで巻いたあと温風↓そのあと冷風で固定、です。逆に寝グセを直したいときは、指でクセをピンと伸ばして温風をあて↓冷風でそのまっすぐ感を固定します。

冷風は、暑い日の扇風機がわりではありません。

11 キューティクルを閉じてツヤを出す

形をつけたいとき以外にも、ドライヤーの最後に冷風をあてると、キューティクルがきゅっと閉じるので、髪がツヤっぽく見えます。

12 うろこは絶対はがさない

キューティクルといえば、ドライヤーの風は下から上にあてないこと。魚のうろこをはいでしまうように、キューティクルがめくれることになります。

キューティクルの方向を意識して、**必ず上から下に向かって風をあてて乾かして。**

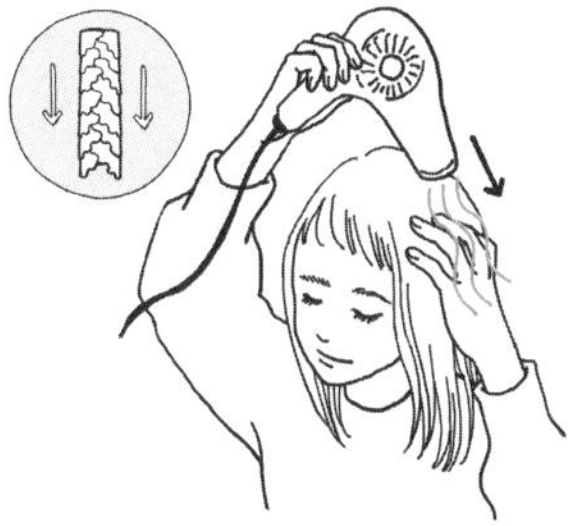

風を上からあてるとキューティクルが整う

風を下からあてるとキューティクルがめくれる

13 毛先のクセの元凶は、根元にあり

髪は根元の毛が生えている方向と逆にハネる性質があります。

なので、毛先にいくらドライヤーをあてても、ストレートアイロンで伸ばしても、そのクセはおさまりません。根元にアプローチしない限り、ハネやクセはおさまらないのです。

14 顔まわりの毛でマイナス3キロ

顔まわりに、はらっと落ちる毛を作ると、顔に影ができて、痩せて見えます。ちょうどメイクでいうシェーディングのような感じ。

この毛を巻いたりして揺らすと、エロ毛にもなります。

15 おしゃれな後れ毛、老ける疲れ毛

でも、注意しないといけないのは、はらっと落としたはずの毛を「生活に疲れた老け毛」だと思われないようにすること。

この差が何かというと、「わざと出している感」がわかるかどうか。**その毛束に「この毛はわざとおろしているんですよ」という自覚があれば、おしゃれな毛に見えます。**

〝自覚〟だなんて、そんなメンタル的なことを言われても……と思った人は、おろした毛を、ワックスでつまんでおけば、「狙っておろした毛です」感が強調できます。

16 髪は1ヶ月で1センチ伸びる

髪は平均的に1ヶ月で1センチ伸びます。ということは、肩につくくらいのボブなら、毛先は2年ものくらい。胸につくくらいのロングヘアなら、毛先部分は5～6年以上、**雨の日も風の日も摩擦やストレスや失恋に耐えて、あなたと一緒に過ごしてくれた毛**です。

と思ったら、毛先を大事にしたくなりませんか？

17 髪は死滅細胞です

とはいえ、髪は死滅細胞ですから、「修復」されることはありません。できることは、これ以上傷まないように保護すること。

18 むしろ濡れている髪がもろい

熱は髪に悪いと思って、髪を洗ったあとに自然乾燥させている人もいるのですが、むしろ髪は濡れているときに傷みやすいんです。必ず乾かしてから寝てね。

19 シャンプーでも髪は傷む

あれ？　っと思った人、いますよね。髪は濡れているときに傷みやすいのだとすると、シャンプーはどうなんだ？　って。

はい、その通りです。

カラーやパーマだけではなく、シャンプーの摩擦でも髪は傷みます。シャンプーは「毛」ではなく「頭皮」を洗うもの。毛先をごしごしする必要はないと覚えておいてください。正しい洗いかたはChapter4で紹介します。

20 髪で手をふかない

心当たりある人、いますよね。お手洗いを出たあと、濡れた手でついでに髪をちょちょいと直す人。

これ、髪に水分が出入りしてしまうのでクセが出やすくなりますし、濡れると髪はもろくなるので二重にダメです。

21 アイロンの「じゅっ」は髪の悲鳴

アイロンは、乾いた髪に使います。もし、「じゅっ」って音がして湯気がたったら、それは水蒸気爆発といって、髪がやけどした悲鳴です。

アイロンを巻く前につけるタイプのカール用スプレーがありますが、スプレーをつけたら必ず乾かしてから巻いて。

22 伸ばしていても、毛先だけは切る

切り花を買ってきたあと、ずっと花瓶に差しっぱなしだと、先端がぐじゅぐじゅしてお花に元気がなくなりますよね。あれと同じで、髪も切りっぱなしのままだと、先端（つまり毛先）が、ぼそぼそしてきます。

毛先がへたってくると、髪から栄養分がどんどん抜けていきますので、お花を切り戻すように、毛先もときどき切り戻すといいです。

ロングヘアで髪を伸ばしている最中でも、3ヶ月に1回くらいは毛先にハサミを入れて整えたほうがキレイに伸ばせます。

23 髪の費用対効果

たとえば、カットとカラーをしたとします。都心であれば、15000円くらいするでしょうか。日本人女性の平均美容院来店率は3ヶ月に1回くらいなので、15000円で3ヶ月過ごすとしましょう。

髪は、メイクのように落としたりしないし、服のように着替えたりもしない。家にいても外出しても、お風呂に入っても寝ているときも、24時間一緒にあるものです。

そう考えると、【90日×24時間＝2160時間】過ごす髪を、15000円で買っているということになります。**1時間あたりの髪のお値段は約7円。**

同じように、1枚15000円する夏もののワンピースを買ったとします。ワンピースって、1週間に何回着られるでしょうか。多くても2回？　週に3回同じワンピースを着て出勤するのは、ちょっと気になりますよね。

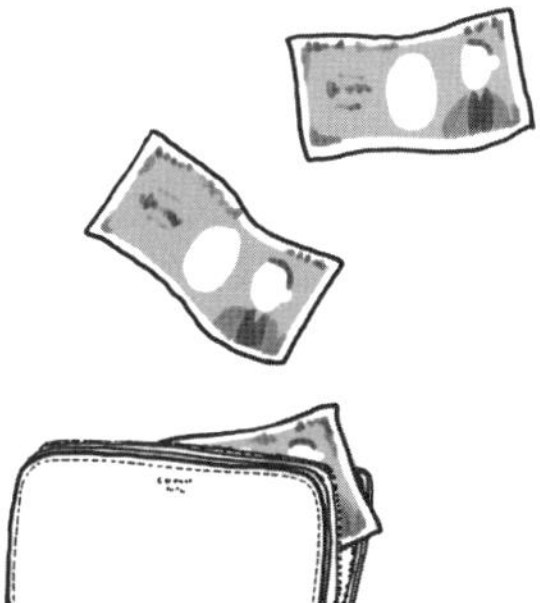

仮に週に2回、朝の8時から夜の20時まで活躍させるとしましょう。夏のワンピースが着れるシーズンは3ヶ月くらいでしょうか。だとしたら、3ヶ月間週に2回律儀に着たとしても、【12時間×2日×4週×3ヶ月＝288時間】です。その**ワンピースのお値段は、1時間あたり52円になりますね。**来年も同じ頻度で着こなすのであれば、**1時間26円。**3年目はさすがに週1くらいしか着ないとなると、**1時間20円。**週に2回着るほど気に入っているワンピースだとしても、時給（？）にすると、髪の何倍もするんですよね。

そう考えると、髪って、コスパよくないですか？

24 変わりたいけど、変わりたくない

乙女心は複雑です。美容院に行くとき、あなたの気持ちはどれに近いですか？

・髪を変えたあとに、服もコスメも買いかえるくらいの勢いで変わりたい

・人に「あれ？　髪型変えた？」と言われるくらいは変わりたい
・いい髪型を勧められれば変えることにやぶさかではない
・伸びた分がキレイになればそれで満足
・美容院に行ったことを、人に気づかれたくない

自分がどの程度変わりたいのか、その自己把握は大事です。

25 坊主にしたいと思ったときに

ある日突然、今の髪が嫌になるときってありませんか？　私もありました。

ちょっと前のことですが、年末に実家に帰省中、黒髪×ボブの自分の髪型が突然嫌になって、髪を切りたくて切りたくて仕方なくなったのです。

東京に戻り次第すぐに切れるように、ネットで1月4日の予約を入れ、開店と同時に美容師さんに「めちゃくちゃ短くしてもらえますか。坊主に見えるくらいでもいいです」と伝えました。

長いつきあいの美容師さんは驚いて、「何があったんですか？」と聞いてくれました。
私は、「なんだかいろいろ行きづまっていて、いろんなものを脱ぎ捨てたい、リセットしたいんです」と伝えました。

美容師さんは、

「では、必ずしも坊主である必要はないですよね。仕事がら、ある程度髪の長さが残っていないと困ることもありませんか？」

とたずねてくれました。

あ、そうだった……。私、勢いにまかせて坊主でもいいと話してしまったけれど、翌月にヘアアイロンのＰＲの仕事が入っていたのでした。坊主はたしかにまずかった。

たずねられてしばし考えたところ、「坊主にしたい」という発言の背後には、

・いろいろリセットしたい

・思いっきりイメチェンしたい

という気持ちがあったことに気づきました。

もう少し深掘りすると、無難な髪型・髪色の自分に急に嫌気がさした。守りに入っ

ているような気がするのが嫌。もっと個性的でやんちゃな攻めた髪型にしたい。そんな気分だったのだと気づきました。

そのことを伝えると、「では……」と提案してくださったのが、髪の長さは変えずに髪色を思いっきり明るく、太いメッシュを入れる方法。「これであれば、見た目も大きく変わるし、気分も変わると思いますよ。ヘアアイロンのPRの仕事も問題なく受けられると思います」とのこと。

そのあと、限りなく銀髪に近いカラーにして、さらに髪が動きやすいようにざくざくとレイヤーを入れてもらいました。アーティストっぽい感じの雰囲気の髪型に、私は大満足。

「ああ私、坊主にしたかったわけじゃなくて、攻めた感じに変わりたかったんだなー」ということがよくわかりました。

髪型を変えたいと思ったとき。でも、その髪型が物理的にはできないとき。そんなときは「どうしてその髪型にしたかったのだ

ろう」と自問自答するのもよいです。そうすると、その髪型以外にも、自分の気持ちを満足させられる髪型に出会えることもあるから。

26 カラーした日は洗わない

美容院でヘアカラーをした日は、シャンプーしないようにしましょう。カラー直後は色素が定着していないので、せっかくのカラーが流れてしまうからです。できれば48時間ほど置くのがいいのですが、汗やにおいが気になるときは、24時間以上あけてからぬるま湯で髪を洗ってトリートメントで整える程度に。

27 カラーした日はセットもしない

ということは、美容院でカラーリングしてもらった当日は、仕上げでスタイリング剤をつけないほうがいいということになりますよね？

28 美容院では、美容師さんが知らないことを伝える

美容師さんは髪のプロなので、顔型や髪質は見るだけで（髪を触るだけで）だいたいわかります。

ただ、

- **どんな雰囲気にしたいのか**
- **どうしてその雰囲気にしたいのか（理由）**
- **普段どんなスタイリングをしているのか**

は、伝えないとわかりません。そして、この3つを伝えることで、「思ったような**髪型にならない」が、ほとんどなくなります。**

詳しくはChapter2と3で解説します。

29 ホームカラーは根元だけにしたい

市販のカラー剤は、どんな髪質の人でも染まるように、強い薬液を使っている場合が多いです。**ホームカラーは、新しく生えてきた根元部分だけを染めるようにしましょう。**その場合、中間から毛先は事前にトリートメントをつけておくと、カラー剤がつきにくくてよいです。

30 スタイリング剤は、つける

いっとき素髪ブームが盛りあがったので、髪には何もつけないか、つけても軽いヘアオイルだけといった人が増えています。スタイリング剤のべたつきが嫌という人もいますよね。私もそうでした。

でも、ポイントでスタイリング剤をつけたほうが、断然形が決まりやすくなりますし、ツヤ感も出ます。**とくに積年のダメージをたくわえた大人女性の髪は、スタイリ**

ング剤を使うと、髪のまとまりが全然違います。髪がキレイな人は、たいていスタイリング剤を使っています。しかもあなたが思っている量の2倍くらいつけています。最近のスタイリング剤はべたつきも少なく、使用感もいいものが多いです。スタイリング剤の記憶が10年前で止まっている人は、ぜひ試してみてください。

何を使えばいいのかは、髪質によるので、美容師さんに相談して。美容院で買わないつもりでも相談しましょう。

31 ケアだけじゃキレイは手に入らない

ヘアケアは素敵なスタイルを手に入れるための土台。いい土を耕しても花を咲かせないと意味なしです。

メイクで例えて言うなら　ヘアケアは化粧でい

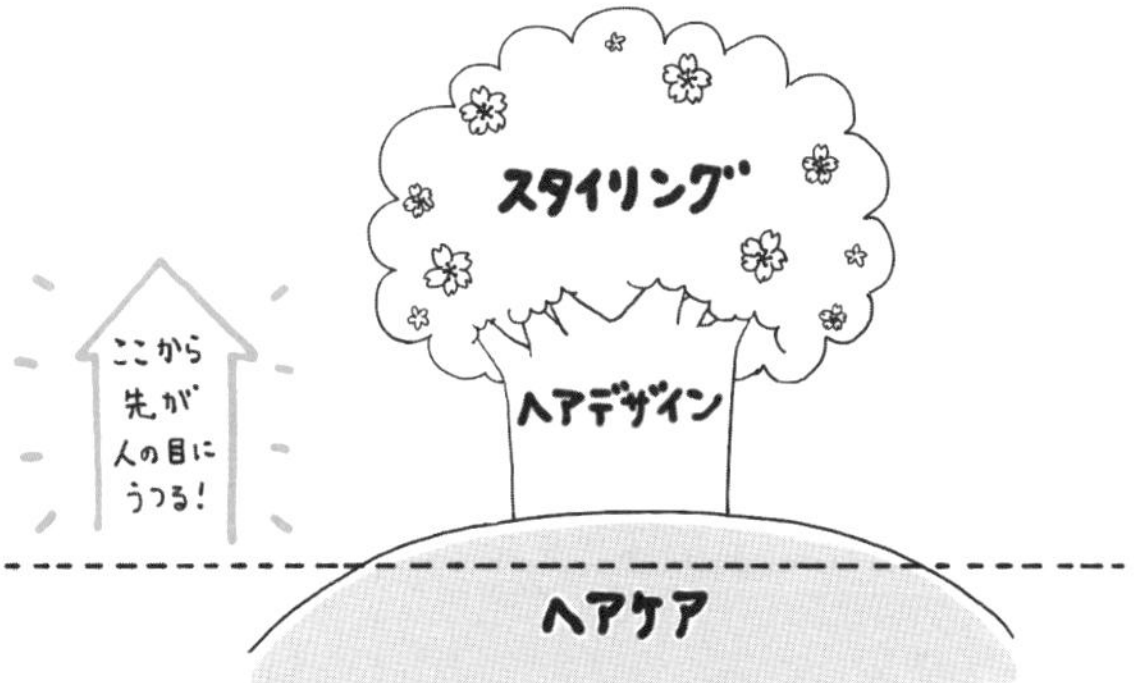

う基礎化粧のようなもの。その上にファンデーションやアイシャドウやリップを塗る行為が、ヘアスタイルづくりやスタイリングにあたります。

32 なぜ外国の人は髪にこだわる人が多いの？

日本の女性は、メイクのことは熱心に勉強するけれど、髪のことは比較的後回しにしやすい。一方で海外の女性は、メイクはマスカラとリップだけという人でも、髪にはちゃんと時間をかけてメンテナンスしている人が多い。

これはどちらがいい悪いの問題ではなく、おそらく、文化の違い。

多くの民族、いろんな肌の色や髪の色の人たちが暮らす国では、第一印象は中長距離で決まりやすい。だけど、長年島国で暮らしていた日本人は、似たような肌の色、似たような髪色の他人が多かったから、メイクの「微差」に敏感なのではないかと思います。

これからは、多様性の時代。髪の重要性はますます大きくなる予感です。

33 かわいくなったって、いい！

自分はかわいくないから。太っているから。おしゃれに気を使っていると思われるのが恥ずかしい。美容院で自分の希望を伝えることがうまくできない。そういう女性は意外と多くいます。

そういう人は昔、親に「色気づくな」と言われたり、女友だちにマウンティングされたり、好きな人に「そういうの、似合わない」と言われたりといったトラウマを持っていることが多いです。

でも、そういう気持ちはもう過去に置いてきていいですよ。ヘアスタイルは、誰かと比べるものではありません。ロングよりショートのほうが偉いとか、そういうのもありません。**自分が一番好きで自分らしくいられる髪型を探しましょう。**

いまいち思い通りの髪型にならない人。今度のヘアチェンジに勝負をかけたい人はこちらをどうぞ。「髪型なんて美容師さんの腕次第」と思っていたら、それは、違うんです。

Chapter

2

美容院に行く前に勝負は半分決まってる

34 似合う髪型はひとつじゃない

「似合う髪型が見つからない」と悩んでいる人。ひょっとして「似合う髪型は〝ひとつ〟しかない」と思っていませんか？

ほとんどの美容師さんは「似合うように切って」と言われると、即座に5〜10個くらいの髪型を思い浮かべるそうです。**どんな人でも、似合う髪型はたくさんある**ということを知っておいてください。

35 自分をどう見せたい？

初頭効果といって、人は7秒で相手の見た目を判断するそうです。そして髪型は、その第一印象を大きく左右します。

自分をどんなふうに見せたいのか、まず自分の気分をちゃんと整理しましょう。

36 似合うだけではしっくりこない

顔型や髪質に似合うだけでは、「本当に気に入る髪型」は手に入りません。

「顔・髪質に似合う髪型」と「気分・気持ち（心）に似合う髪型」の両方がそろっていないと、本当の意味での気に入る髪型にならないのです。

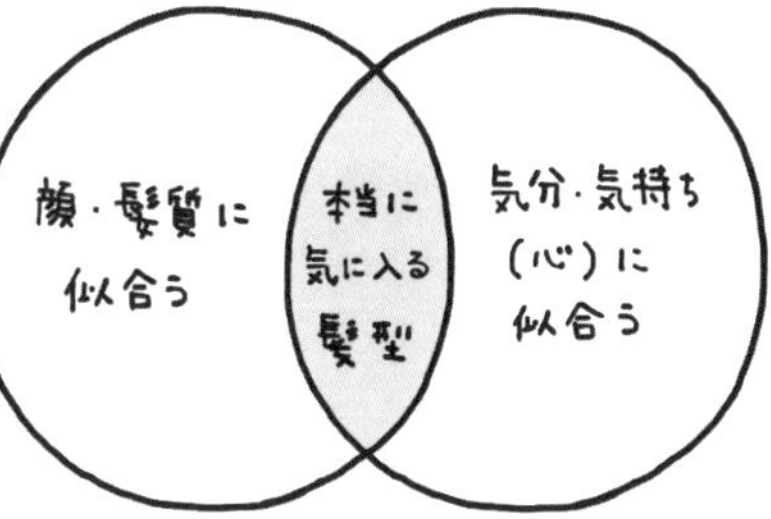

37 美容院では「おまかせ」と言わない

だから、美容院では「おまかせ」と言わないほうがいいのです。「おまかせ」と言われたら、その美容師さんは顔型や髪質などに似合う髪型を提案します。

でも、**美容師さんはエスパーではないので、あなたがどんな雰囲気になりたいのかは、あなた自身が伝えないとわかりません。**顔型や髪質だけでなく、気分や気持ちにも似合う髪型を手に入れたいなら、必ず「どんな自分になりたいか」も伝えましょう。

38 かわいらしく見せたい場合

・前髪を作る
・シルエットを丸くする
・カットラインを前上りにする
・カラーを明るめにする……など

39 かっこよく見せたい場合

・前髪を作らない
・シルエットを縦長にする
・カットラインを水平や前下がりにする
・カラーを暗めにする……など

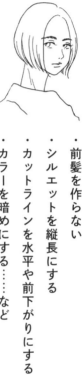

40

色っぽく見せたい場合

・曲線を増やす（パーマや巻き髪、かきあげ前髪など）
・シルエットにメリハリを作る
・後頭部にボリュームを出す……など

41

個性的に見せたい場合

・ショートヘアにする
・ショートバング（眉より上の前髪）にする
・髪色に凝る
・カットラインをはっきり出す
・アシンメトリーにする……など

42 モブキャラは脱出できる

以前、あるテレビ番組で、女子中学生・高校生の前髪をチェンジするという企画を担当したことがあります。

その番組でヘアチェンジに来てくださったタレントさんが、すごく印象的なことを言っていました。彼女は高校をもうすぐ卒業するところだったのですが、「**これからはモブキャラを脱して、主役を張れるような印象的な活動をしたい**」と言うのです。

モブキャラというのは、通行人とかセリフのない役とか、そういう意味。彼女は、そういう地味なキャラクターを脱したかったのです。

彼女は黒髪のストレートヘアで、前髪をまっすぐおろしていて、いわゆる日本の女子高生に一番多い髪型といってもいいぐらい普通の髪型をしていました。

そんな彼女が、「自分に特別感を持たせたい」と言ったので、私はショートバングという、眉より上の長さの前髪を提案しました。

前髪を切っただけなのに、ものすごく印象が変わって、特別感が出て、キラキラ輝く感じになったのを覚えています。その後のスタジオ収録でも、際立って華がある雰囲気になっていました。

特別な自分になりたい。そう思ったときにも、髪は味方をしてくれると感じた瞬間でした。

43 髪型選びの方程式

ヘアスタイルの選びかたには、いろいろなコツがあります。一番簡単なのは、自分が「甘口（かわいい・若い）」と「辛口（かっこいい・大人っぽい）」のどちらの方向に寄せたいかを考えること。

髪型の印象を大きく左右するのは、次の3つの要素です。

①前髪→あり or なし
②毛先→カール or ストレート
③髪色→明るめ or 暗め

この3つの組み合わせで、どれくらい甘口の印象になるか辛口の印象になるかが決まります。

	甘口	辛口
前髪	あり	なし
毛先	カール	ストレート
髪色	明るめ	暗め

甘口（前髪あり）×甘口（カールあり）×甘口（明るめ）＝大甘口のヘアスタイル

辛口（前髪なし）×辛口（カールなし）×辛口（暗め）＝大辛口のヘアスタイル

甘口（前髪あり）×甘口（カールあり）×辛口（暗め）＝ちょい甘口のヘアスタイル

辛口（前髪なし）×辛口（カールなし）×甘口（明るめ）＝ちょい辛口のヘアスタイル

たとえば、前髪なしで、毛先がストレートで、髪色が暗いと、辛口×辛口×辛口で、だいぶクールな雰囲気になります。

前髪はないけれど、毛先がカールしていて、髪色が明るいと、辛口×甘口×甘口で、ちょっと甘めより、といった具合です。

この方程式は、髪が長くても短くても同じです。

44 髪質は、みなさんわりと勘違いしています

生理のときの出血量や痛みって、人と比べることができないから、自分が人より多いのか少ないのか痛いのか痛くないのかわからないって話、ありますよね。

髪も同じです。**本人が「量が多い」と思っていても実はそれほどでもなかったり、「髪が細い」と思っていても意外としっかりしていたりということがあります。**

自分の髪質は、何百人、何千人の髪を触ってきている美容師さんに聞くのがいいでしょう。

45

今すぐできる軟毛と硬毛のセルフチェック

軟毛と硬毛の違いは、キューティクルの厚みの違いです。「美容師さんに聞くのがいいでしょう」と書いてすぐになんですが、今すぐセルフチェックしたい人は、自分の髪を根元から数本切って、次のことをしてみてください（頭皮が傷むから、髪の毛は抜いちゃダメ）。

①濡らした髪の毛を引っぱる

軟毛→伸びる

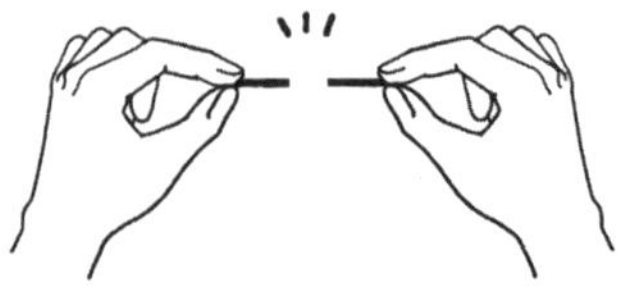

硬毛→切れる

②髪の両はじを持って水平にして、片手を離す

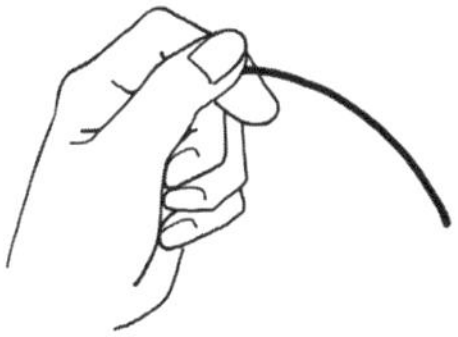

軟毛→髪の毛が下がる

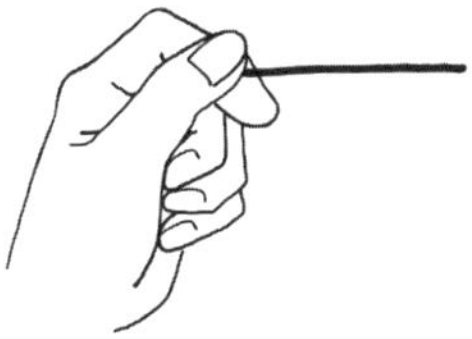

硬毛→そのまま水平をキープ

③髪の毛をからめて指を抜く

軟毛→そのままの形がしばらく続く

硬毛→髪が伸びる

46

顔型も、まあまあ勘違いしています

「私、丸顔なので」とか「エラがはっているので」と言う人がいます。髪質の勘違いほどではないですが、これもまた、意外とそうでもないケースがよくあります。

一度美容師さんに「私は、どんな顔型ですか?」と聞くといいですよ。ずばり聞くのが恥ずかしいのであれば「ヘアカタログの『似合う顔型』でいうと、私はどれを見ればいいですか?」と聞くのもよし。

47

女性の髪は人生で3回変わる

女性は人生で3回髪質が変わると言われています。そのタイミングは、初潮・出産・閉経の前後。出産をしない人は、初潮・閉経の2回。女性ホルモンのバランスが大きく変動するからです。

48 三つ編みがしめ縄になるくらい髪が多いなら

多毛の人からよく聞く話。

- **ひとつ結びをするとゴムがちぎれる**
- **三つ編みをするとしめ縄になる**

毛量が少なくて悩んでいる人にとっては羨ましい限りですが、でも多い人は多い人で切実な悩みです。

毛量が多い人は、

- **量をすいて（とくにハチまわりと耳後ろ）軽くする**

という王道の解決策のほかに、

- **髪色を明るくして軽く見せる**
- **髪を長くして（髪の重さで）まとまりをよくする**
- **逆にショートにして、毛量の多さを感じにくくする**

・ダメージで広がっているのなら、保湿系のヘアケアやスタイリング剤を使う

などの方法もあります。

いずれにしても、こういう方々は40歳を超える頃になると、口をそろえて「昔はこの髪の量の多さが嫌だったんだけれどねー（今はよかったと思ってる）」と言うことになります。**周囲が薄毛に悩む時期に、若々しいヘアスタイルでいられるから。**

少ない髪を増やすのは至難のわざですが、多い髪を減らすのは解決しやすい悩み。若いうちは「いつか私の時代がくる」と心に念じて、量を減らすカットや髪が落ち着くトリートメントで乗り切りましょう。

49 髪質だけじゃなくて顔型も変わる

実は、顔型も変化します。肌が重力に負けてくると、丸顔さんも面長さんも、ブルドッグ的なたるみが出て四角い顔型になりやすい

んですよね。涙目。

50 でも「似合う髪質・顔型」は気にしなくていい

と、ここまで髪質や顔型の話をしておいてアレですが、**ヘアカタログやヘアページにある「似合う髪質・顔型表」は、そこまで気にしなくていいです。**

私は長年ヘアページを作ってきましたが、あの項目、美容師さんにはたいてい「とくに髪質や顔型は選びません」と言われます。「そこを、強いて言えば！ 強いて言えば、どの髪質や顔型の人が似合いやすいですか？」と食い下がってなんとか表を作っていることが多いのです。

というか、そもそもヘアカタログのモデルさんとまったく同じ髪質・顔型・顔立ちの人はいません。ですから、髪が多い人なら多い人なりのカットをして、クセがある人ならクセ毛の人なりの処置をして、「似合わせる」というのが、美容師さんの考えかたのようです。

51 髪型はヘアカタログから選ばなくてOK

ヘアカタログを見ても、若い人の写真が多くてピンとこないと思う人がいるかもしれません。

そういう場合は、**ヘアカタログではなくて、雑誌のファッションページや、好きなタレントさんのブログやインスタグラム**から探すといいですよ。いろんな角度の写真があれば、より髪型をイメージしやすいはずです。

52 前髪の1センチは毛先の10センチ分のインパクト

大切なことなので2度言いますが、**イメチェンに気づかれたいなら、前髪および顔まわりを変化させましょう**。前髪を変えると、雰囲気ががらっと変わります。

前髪のスタイル別のイメージを知っておきましょう。

透け感のあるフルバング
かわいらしさ、若さ

厚めのフルバング
モード、個性

ショートバング
活発、おしゃれ、個性

6：4分け
ナチュラル、自然体

7：3分け
フェミニン、柔らかさ

8：2分け
エレガント、女性らしさ

かきあげ
色っぽさ、グラマラス

センターパート
正統派、凛、大人っぽさ

53

なぜ外国人女性は前髪を作らないのか

この項目と同様のタイトルの本が、中央公論新社から出ました。

とくに欧米の女性が前髪を作らない理由は、大人っぽくセクシーな女性像を表現したいから。**女性の価値観の中に「幼く見せたい」という欲求がないから**と書かれています。

自立し、成熟した大人女性が認められ愛される文化、いいですよね。日本もそうなってほしいなあ。

54

「私にショートは似合わない」の誤解

たとえば、「私、ショートが似合わないから」などと言う人がいるけれど、それは違う。**あなたに似合うショートと似合わないショートがあるだけです。**ボブもミディアムも同じ。

55 ショートは誰にでも似合わせやすい

さらに言うと、ショートはどんな顔型にも似合いやすい長さです。

というのも、前髪やシルエット、重心や毛先のラインなど、似合わせをするポイントがたくさんあるから。

56 ショートヘアの素敵な歴史

ココ・シャネルが女性をコルセットから解放したように、女性をビッグヘア（大きくボリューミーにセットされたまとめ髪）から解放したのはヴィダル・サスーンです。「ローマの休日」の映画内でばっさりショートヘアにカットしたオードリー・ヘップバーンや、1960年代のアイコン、ツイッギーなどの影響で、女性のショートヘア

が受け入れられるようになっていきました。

歴史をひもとくと、ショートヘアって「女性性の解放」という文脈もあるんですよね。今でも「ショートヘア＝潔い・かっこいい」というイメージがあるのは、ショートが「あえて選んでいる感」がある髪型だからかもしれません。

57 選挙ポスターからわかること

選挙の時期、ポスターの中の女性の髪型が気になって仕方ありません。

というのも、女性議員の髪型は、区（市）議会議員↓都（県）議会議員↓国会議員になるにしたがって、どんどん短くなっていく傾向があるように思うからです。

これは仮説ですが、おそらく求められる役割が、そうさせているのではないかと思います。

区（市）議会議員などは、みんなから親近感を持たれることが票につながる。だから隣に住んでいそうな雰囲気の、私たちの悩みを解決してくれそうな好感度の高い議員さんが好まれるのではないかと感じます。ストレートのミディアムからロングヘアが多いのが、区（市）議会議員さんの特徴です。

一方で、国会議員、なかでも大臣になるような女性たちは、国のリーダーです。このクラスになると、髪の毛がどんどん短くなっていきます。

こういうポジションの方たちは、リーダーシップ、つまり強さや潔さが求められ、それを髪型で表現しているからショートカットの人が増えるのではないか、などと考えていたりします。

ポジションが上に行くほど、髪が短くなる傾向。もちろん議員の方々の年齢にも関わっているかもしれませんが、気になります。

58 エレガントに見えるショートヘア

ショートヘアで色っぽく、エレガントに見せたいときは、次の3つを守りましょう。

①耳のまわりを切りすぎないこと。耳かけができる長さで髪の毛を切ってもらうこと
②えり足の毛を首にそうようにしてもらうこと
③後頭部にふくらみが出るようにしてもらうこと

59 なぜロングヘアは「女らしい」のか

一方、「ロングヘア＝女性らしい髪型」と思っている人は多いと思います。それもやはり、歴史的な流れがありまして。

古文の時間に習ったかもしれませんが、貴族の時代には「長くて豊かな（量の多い）髪＝美人の象徴」だったんですよね。

また、髪を伸ばすのには手入れが必要です。それを延々と伸ばせる＝かしずく侍女（身のまわりの世話をしてくれる人）がいる＝深窓《しんそう》のご令嬢でもあったわけです。

60

「男の子みたいになっちゃう」

と、ここまで、髪が持つ記号性を武器にして、自分のイメージをコントロールする話をしてきましたが、ここでひとつ、とても考えさせられた話を。

少し前、ツイッターで、ある漫画が話題になりました。

アメリカ在住の日本人女性が、髪を短くしようと美容院に行ったところ、美容師さんに「これ以上短くすると、男の子みたいになっちゃうから」と止められたという話です。

その日は美容師さんのアドバイスに従って帰ってきたのだけれど、別の日、違う美容師さんがバリカンを使って彼女の髪型を躊躇なく刈り上げてくれました。それがとても気に入って嬉しかったという話に、ものすごい数の共感が寄せられました。

この話に共感が寄せられたのには、いくつかポイントがあると思います。

ひとつは、「心に似合う（やりたいと思う）髪型を手に入れられないと不満が残る」ということ。

もうひとつは、「髪が持つ記号や役割に縛られる必要はない」ということ。

とくに、多様性を大切にする現代において、
髪が長いほうが女らしい。
就活には黒髪。
結婚式はまとめ髪で。
学生は短髪がいい。
年甲斐もなく前髪は作れない……etc.

こういった固定観念に縛られず、自分のしたい髪型を選ぶことは、自分の心を解放することにもなると感じます。

髪型にはそれぞれ性格があり、記号があります。それを武器にすることはもちろんおすすめなのですが、同時に、その記号的役割にとらわれてしまわないことも大事だ

と感じます。

この漫画を描かれた方は

「自分は短い髪に憧れていたんじゃなくて、ずっと『自分』になりたかった(戻りたかった)のかなあ〜」

と結んでいました。

あらためて、ジェンダーや役割にとらわれず、「心に似合う髪型」を手に入れることが、その人を〝自分らしく〟輝かせてくれるのだなあと思いました。

61 「身近な人ほど、足を引っぱる」の法則

思い切って髪型を変えたいと思ったとき、

「え、あなたらしくないよ」

「ちょっと派手すぎない？」

などと言う人がいます。たいてい、あなたにとって身近な人、たとえば家族やパートナーだったりします。

そういう人たちは、今のあなたを見慣れているので、「できれば変わってほしくない」と思っているんですよね。

実際に髪型を変えたときに、家族やパートナーに、

「あまり、似合ってないよ」

「前のほうがよかったな」

なんて言われて落ち込んでしまったという話をよく聞きます。

でも、**その人たちが言う「似合わない」は、単に「見慣れていないだけ」だったりします。**あなたに初めて会う人は、新しい髪型のあなたしか見ていません。その人たちは、新しい髪型のあなたを「あなたらしい」と認識してつきあっていくはずです。

ですから、イメチェンをしたいときは、身近な人の意見にあまり耳を傾けないのもひとつの手です。

新しく生まれ変わりたいと思ったら、新しい人間関係を思い浮かべる。これも、イメチェン成功のコツなのです。

62

嫌いな人になんか左右されない

私は普段、いろんな年齢の方に対して、ヘアカウンセリングをしています。そこでよく聞くのが

「自分の好きな髪型にしたら、ママ友の中で浮きそう」

といった相談です。「浮く」というのは、どんな感じですか？　とたずねると、あまり派手だと、リーダー格のママに目をつけられそう、仲間外れにされそう。だから、無難な髪型にしかできないというのです。

でも、髪型が変わったからといって仲間外れにするような人たちは、本当に「友だち」でしょうか。

もちろん、いろんな事情があって「今の人生においてママ友グループが一番大事」という方もいるでしょう。その感じは、私もわかります。もし、ママ友グループから外されることが死活問題なのだとしたら、その時期は無難な髪型を選ぶのもひとつの生存戦略だと思います。

ただ、こういう方のお話を詳しく聞いていくと、「グループの中で、軽く扱われていてしんどい」とか、「本当はそのグループを抜けたい……」などという人がほとんどです。

だとしたら、これを期に彼女たちに嫌われる（かもしれない）髪型にするのもアリでしょう。逆にあなたがあなたらしくいられる髪型を「素敵」と言ってくれる人と、新しくつきあいはじめてもいいかもしれません。

余談ですが、こういう相談のあと髪型チェンジをすると、

「自分の好きな髪型に変えたら、それまでのママ友グループの中で一目置かれるようになって、居心地がよくなった」

という方が続出します。

あなたを支配したり、攻撃してくるような人のために、あなたの人生を左右されなくても、いいんじゃないかなと思うのです。

自分のために、髪型を選びましょう。

63 白髪は隠してもよし、ぼかしてもよし

白髪を完全に見せないように黒髪にするのもいいのですが、**白髪が増えてきたらおすすめなのは、むしろ髪を明るくすること。**

たとえば、ブラウンカラーにすると、黒髪部分はブラウンに、白髪部分はそれよりは薄いベージュっぽい色に染まります。ハイライトを入れるのと似ていますね。黒い画用紙に白い絵の具は目立つけれど、ベージュの画用紙に白い絵の具はそこまで目立ちません。

明るいカラーにすれば、白髪が伸びてきたときも目立ちにくいのです。

64 黒髪をやめるとパーマや巻き髪が映える

曲線の動きを見せたい場合は、ある程度髪色が明るいほうがわかりやすい。髪の色が暗いと、パーマや巻き髪の毛流れがつぶれて見えにくいので、もったいないのです。

65

パーマと巻き髪どっちがいい？

パーマにしたほうがいい人

・軽い動きがほしい

・ツヤ感にはこだわらない

・アイロンで巻くのが苦手

巻き髪にしたほうがいい人

・ツヤ感がほしい

・まとまりのある動きがほしい

・巻くのが苦じゃない

・ストレートヘアの日もほしい

パーマと巻き髪の一番の違いは、質感です。ふぁさっと軽い質感にしたいならパーマ。うるんとツヤっぽい質感にしたいならアイロンで巻くのがいいでしょう。

66 ロングヘアの毛先は、いくら切っても気づかれにくい

ロングヘアの毛先のありかは、だいたいバスト近辺です。その場所って、あまりじろじろ見る場所ではないですよね。だから、**ロングヘアの人が毛先を10センチ切っても20センチ切っても気づかれにくいのです。**

「髪を切ったのに、彼（夫）が全然気づいてくれない」などと、怒らないでくださいね。

67 ロングは顔まわりで差をつける

ロングは印象の差をつけにくい長さ。**印象を変えたいなら、前髪か顔まわりで差を**

つけるか、カラーで差をつけるか。

68 ボブはカットラインで変化する

ボブ（別名おかっぱ）は、もともと「切りそろえられた髪」という意味。だから、切りそろえかた（カットライン）を変えると印象が変化します。

前上りのカットライン→かわいい雰囲気

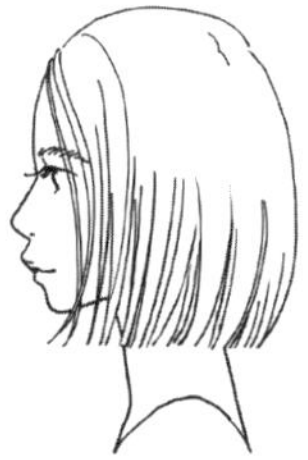
水平のカットライン→おしゃれな雰囲気

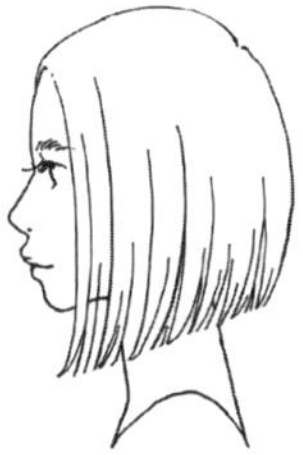
前下がりのカットライン→クールな雰囲気

69 人気の切りっぱなしスタイル

雑誌やインスタグラムなどでよく見かける「切りっぱなしスタイル」とは、毛先を同じ長さで直線的にカットした髪のこと。68の水平のカットラインとほぼイコールです。

切りっぱなしヘアは、ワックスなどで毛先のラインを強調するとおしゃれ。外ハネにしてもよし。

70 予約は前日までに

ほとんどの美容院では、前日の営業後か当日の朝に、予約してくれた人のカルテを出して営業のシミュレーションをしています。せっかく予約するならその段階に間に合っていたほうが、準備万端でのぞんでもらえます。

71 ヘッドスパは気持ちいいだけじゃない

美容院のヘッドスパは、ただのリラクゼーションメニューではありません。普段のシャンプーでは落とし切れない毛穴につまった汚れもクレンジングできるのです。

毛穴がふさがった状態だと髪もうねったり細くなったりしますが、汚れがとれた毛穴からは丸く太く健康的な毛が生えてきやすいというわけ。
もちろん、頭皮マッサージで血行促進にもなります。

72 縮毛矯正とパーマとヘナは指名を慎重に

縮毛矯正とパーマとヘナは、技術に差が出やすい分野です。そして失敗されると（心も髪も）とくにダメージが大きい施術。

これらの施術を普段やらない美容師さんは、「できればやりたくない」と思っているし自分からは提案しないので、数多く施術している美容師さんとはどんどん技術の差がついていきます。

ですので、これら3つの技術はとくに、ホームページやブログ、インスタグラムなどで「私は縮毛矯正（orパーマorヘナ）が得意です」とアピールしている美容師さんを指名しましょう。

自分が手術するときに、その手術の実績が多い病院が比較的安心なのとだいたい同じ感じです。

73

ヘナは後戻りできない

ヘナは髪の内部にまで色素を入れます。一度この施術をすると、この色素が抜け切るまでは、他のカラー剤を入れられません。つまり、**一度ヘナでカラーすることを決めたら、ヘナを使い続けなくてはならないということ。**後戻りのできない施術であるということを知っておいて。

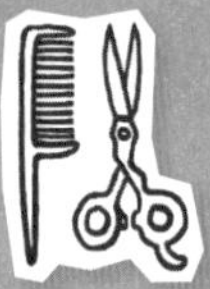

誰に聞けばいいのかわからなかった素朴な疑問。ここで解決してしまいましょう。美容院での時間が、心地よく有意義な時間でありますように。

Chapter 3

美容院では
こうふるまう

74 普段の私で行く

よく、「美容院には、普段よく着る服や、普段のメイクをしていったほうがいい」と言われます。賛成です。

ただし、学校や会社など「オン」の自分を優先するのか、休日の「オフ」の自分を優先するのかにもよります。自分が優先したいほうの服装をしていくといいでしょう。

休日に美容院へ行くのにスーツを着たくない、という人なら、「普段はお堅い会社で、スーツなので」などと伝えるといいです。

75 スタイリングも普段通りで行く

美容院に行くとき、スタイリング剤はつけていってもいかなくても大丈夫です。

ただ、初めての美容師さんにお願いするときは、いつもの自分の髪型を知ってもらう意味でも、普段通りのスタイリングをしていくのがいいでしょう。

それ以外にも、普段自分のスタイリングがうまくいかなくて美容師さんにアドバイスしてもらいたいというときも、スタイリングした状態で美容院に行きましょう。

76 美容院前のシャンプーはしてもしなくてもOK

Q 美容院に行く前に、シャンプーはしたほうがいいですか？ しないほうがいいですか？

A どちらでもいいですよ（にっこり）。

77 カウンセリングのときはマスクを外す

美容院でマスクをつけたまま施術をしてもらっている人も多いでしょう。ただ、カウンセリングのときだけは、一度マスクを外しましょう。骨格がわからないと似合わせに失敗しやすいからです。

78 マスクの紐はクロスしておく

美容院では、マスクの紐部分を一度クロスするのがいいですよ。髪を切るとき、シャンプーをするときに、マスクの紐が邪魔にならないからです。

79 悩みだけでなく、なりたいイメージも伝える

美容院のカウンセリングでは、髪質の悩みを伝えることが多いと思いますが、それだけではなく、**自分が目指すイメージも伝えましょう。**同じ「ショートにする」のでも、目指すイメージが違えば、全然違う切りかたをするからです。

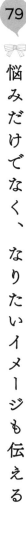

80 どうしてその髪型にしたいか、理由も伝える

なりたい髪型やイメージを伝えるときは、理由も添えるといいです。それは

①理由を添えるとちょっとだけ恥ずかしくなくなるから

例「部下が増えたので、デキる女感を出したいんですよね」

②何のためにそのイメージにしたいのか、理由を添えると、美容師さんとのズレが出にくくなるから

例「上司に舐められたくないんで、デキる女感を出したいんですよね」

↓少し強い女性像にしたいんだな、と仕上がりを考えてもらえる

81

写真を持っていくのは恥ずかしい問題

わかります。とくに芸能人の写真とか。

でも、これは100人中100人の美容師さんが言っているのですが「写真を持ってきてくれるのは大歓迎」。ビジュアルがあるほうがイメージのすり合わせがしやすいからです。

82

写真は3枚以上あるといい

こんな髪型にしたいという髪型があるなら、写真を3枚以上持っていくとイメージ

が共有しやすいです。

さらに、87ページ 80 にあるように「なぜ、この髪型が好きなのか」の「理由」を添えると、より仕上がりのズレがなくなります。

83 横顔の仕上がりイメージも確認する

ショートやボブの場合、正面の写真だけではなく、横顔がどんなふうになるのか、必ず確認しましょう。ヘアカタログなどで確認させてもらうと安心です。

84 「えり足はどうしますか？」へのベストアンサー

ショートヘアの人は、美容師さんから「えり足はどうしますか？」と聞かれることがあると思います。

えり足の種類は、だいたい2択。

①自然にそわせる

②刈り上げる

です。ただし、えり足が浮くクセがある人も多いので、ヘアカタログなどの後ろ姿の写真を見ながらすり合わせをするのがいいでしょう。

85 「顔まわり」ってどこのこと？

えり足の話をしたので、それ以外のパーツの話も。

- **顔まわりの毛↓前髪を含む、フェイスラインの髪のこと**
- **アウトライン↓すそ部分のカットラインのこと**
- **後頭部↓あごと耳のラインを結んだ先のあたり**
- **トップor頭頂部↓頭の一番高い場所**
- **ぼんのくぼ↓首のつけねあたりの、くぼんでいる場所**

174ページ 196 にイラストつきで詳しく解説しています。

86 普段のスタイリング方法を伝える

髪を乾かすだけなのか、ブローするのか、アイロンまで使えるのか。**普段のスタイリング方法を伝えると、「家で再現できない！」が防げます。**

87 「アレンジがきかない」だって快適

雑誌などでは「アレンジがきくヘアスタイルがいい」なんて、よく書かれています。でも実際のところ、形状記憶合金くらい「毎回つねに同じ」になったほうがいいって人も結構いるんじゃないかなと思います。

ワックスでガチガチにするという意味じゃないですよ。**「苦労しなくても、毎日、同じ髪型になる」**ってことです。形状記憶シャツみたいに、クリーニングに出したり、アイロンをかけたりしなくていいのが助かる。その感覚です。

たしかに「スタイリング次第で雰囲気が変わる髪」とか、「2wayスタイル」とかは、一瞬、魅力的に感じます。言ってみれば、リバーシブルの服みたいな感じです。「お客さま、この服はリバーシブルで、2度おいしいんですよ」と言われると、うっかり買っちゃう。

でも！　リバーシブルの服って、絶対片方しか着ない!!　いつのまにか、リバーシブルの服じゃなくて、リバーシブル機能もある普通の服になっている。

それと同じように、毎日髪型を変えなくたって全然いい。**何もしなくても、どんな乾かしかたをしても「絶対この髪になっちゃう」くらい、決まりやすいヘアがいい人は、堂々と「アレンジがきかないヘア」を手に入れましょう。**

88 この先のプランを話す

この先伸ばしていきたい、いずれボブにしたい、のようなプランがあるなら、それも伝えて。美容師さんの切りかたが変わります。

89 オープンマインドがキレイへの近道

美容院でのオーダーに大事なのは、「自己開示」。こちらが先に心を開くと、嘘みたいにカウンセリングやオーダーがうまくいくようになります。

そのことに気づいたのは、ある人のアドバイスがあったからです。洋服の販売員の接客態度を指導されている方でした。

彼女に「私、服を選んでいるときに声をかけられるのが苦手なんです。何か買わされるんじゃないかとか思うし、試着したのに買わないと嫌なヤツだと思われるんじゃないかと思って」と相談をしたことがあります。

すると彼女は、「ああ、それは、販売員側も同じですよ」と教えてくれたのです。つまり、**販売員側も「声をかけたら『買わせようとしてるな』と思われるんじゃないか」と、びくびくしながら接客しているとのこと**。だからこそ、お客さまのほうから声をかけられると、みんなすごく嬉しくなるそうです。

し、知らなかった……。

その話を聞いて、それまではお店で「絶対に話しかけるなオーラ」を出していた私も、積極的に販売員の方に声をかけるようにしました。

「最近太ったんですけれど、このパンツとこのパンツ、どっちが細く見えますか?」とか。すると、びっくりするほど、店員さんが親身になってアドバイスをしてくれるようになったのです。

「ああ、こっちから歩み寄れば、こんなに親切にしてくれるんだな」と、感慨深くなりました。これまで、音楽を聴いているフリして話しかけられても無視してばかりでごめんなさい。

そして、思ったんです。これって、美容院に来るお客さまと美容師さんの関係も、同じだなあって。

「余計なメニューを勧められたくない」「自分のことは話したくない」と最初から構えている人には、美容師さんも話しかけにくい。

それよりは**「私はこうなりたい。ここに悩んでいる。どうすればいいですか？」とい**
うスタンスのお客さまのほうがアドバイスをしやすいし、なんでも教えてあげたい
気持ちになるはずです。

むやみに美容師さんと距離を置くのではなく、まずは自己開示。これだけでも「この人は大切なお客さま。この人のために何かしてあげたい」と思われるし、なにより、いろんな悩みの解決法を提案してくれます。

90 苦手なら会話はしなくていい

美容師さんとの会話が苦手という人もいると思います。最近では、予約サイトの事前アンケートや、美容院で書くカウンセリングシートに「静かに過ごしたい」「会話**を楽しみたい」のようなチェック項目があったりするので、そこでは全力で「静かに**
過ごしたい」をチェックしてください。

そういったアンケートがない場合は、「すみません、人見知りなもので」と言ってしまっていいと思います。

ただし、カウンセリングのときだけは、必ず会話をしてくださいね。

91 美容院は病院みたいなもの

先ほど、自己開示が大事と書きましたが、美容院は病院のようなものだと思ってください。

病院で診察室に呼ばれて、先生に「今日はどうしましたか？」と聞かれたときに「おまかせします」と言う人はいませんよね？　いつから痛いのか、どんなふうに痛むのかといった情報を伝えて初めて、正しい診断をしてもらえるし、薬も処方されるわけです。

美容院も同じです。

自分のことをちゃんと伝えれば伝えるほど、正しい処置をされると心得て。面倒くさがらず、恥ずかしがらずに、カウンセリングを受けましょう。

92 「それはちょっと……」と言われたら

「ばっさり切りたい」→「せっかくキレイに伸ばしたのにもったいないですよ」
「思い切り明るくしたい」→「髪が傷みますよ」
などと言われて、希望の髪をあきらめたという人の話をよく聞きます。

先日も、10年以上通っている美容師さんに「BTSのジミンちゃんのような明るいシルバー系の髪色にしたい」と伝えたら、「傷むから絶対にやめたほうがいい」と言われた40代の友人がいました。

髪の傷みに関しては「これ以上カラーリングしたら髪が溶ける」というような物理的NGの場合もあります。でもそうでないなら、トライしてしまっていいのではないでしょうか。

「やりたかったのに……」という気持ちは、いつまでたっても引きずるものです。その場はあきらめても、結局あとから「やっぱりやりたい!」となって、別の美容院で施術し直してもらったという話も。

美容師さんにしてみると、急激なヘアチェンジで「似合わなかった」と言われるリスクやクレームは怖いもの。なのでこういう場合は**「どうしてもやりたいんです」「傷んでもいいのでやりたいのです」**と、**伝えましょう。**

前述の女性は、最終的に美容院を変えて見事なジミンちゃん色にチェンジしました。カラーリングをした美容院から施術後すぐに写真を送ってくれ、とても嬉しそうでした。

93 傷んだっていいじゃない

今、「傷んでもいいのでやりたい」と書きましたが、**100人が100人、ツヤ髪を目指さなくてもいいのでは、と思います。**

たとえば、明るいパーマヘアの人の髪は、ツヤツヤというよりも、軽くてふんわりした質感です。タレントさんや女優さんの人気ヘアランキングで上位にくる人たちは、必ずしもツヤ髪ではありません。

最近では、ＮｉｚｉＵのように、ピンクやパープルといった髪色にしたいという人も増えています。もちろん、ある程度髪は傷みますが、ダメージと引きかえに得られるものだってたくさんあります。華やかさとか、高揚感とか、自信とか。

ツヤ髪だけがすべてではありません。

94 黒染めは必ず申告

就活や白髪染めなどで、黒染めした人や、家でホームカラーをした場合は、必ず、そのことを美容院で伝えましょう。

とくに、黒染めをしている場合は、その黒染めを「抜く」という作業をしてからカラーリングしないといけません（黒染めの色を抜くのは、ものすごく大変な施術です）。ホームカラーをしている場合も同様です。

今の髪色が地毛の色ではない場合、それを伝えないと、思った通りの色にならなかったり、必要以上に髪を傷ませたりしてしまうことになります。

95 染まりやすい髪、染まりにくい髪

一般的に、細く柔らかい髪や、カラーリングをくり返している髪、ダメージ毛などは染まりやすく、太く硬い髪、バージン毛、健康的な髪は染まりにくいもの。

96 毛束見本で色を選ばない

美容院でカラーリングをしたとき、毛束見本で色や明るさを選ばないほうがいいです。10センチ四方の布ではカーテンの全貌がわからないように、10センチの毛束では髪全体に色が入ったときのイメージはできません。

明るさを確認するときは、「あの人より明るくなりますか?」などと、美容院にいる人の髪色を基準に聞くと失敗しにくくなります。

97 肌がキレイに見えやすい髪色

ファンデーション同様、イエローベースの肌の人は同じブラウンでもオレンジブラウンなど、ブルーベース（ピンクベース）の肌の人はピンクブラウンなどが、肌うつりがよく見えます。

98 髪を軽く見せたいなら寒色一択

髪をツヤっぽく見せたいなら暖色系、髪を軽く見せたいならアッシュやマットなどの寒色系。寒色＝日本人特有の赤みをなくすカラーなので、欧米人ふうのカラーにしたいなら、寒色一択。

99 カラー剤には2つある

初めてカラーする場合をのぞき、美容院では、根元（新生毛《しんせいもう》といいます）とそれ以外の毛（既染毛《きせんもう》といいます）を、違う薬液で染めることが多いです。

新生毛は地毛の色を抜きながら色を入れたいので強めの薬液、既染毛は一度地毛の色を抜いていて色が入りやすいので、優しい薬液を使うのです。

ただし、根元と毛先で、同じ薬液で時間差をつける場合や、髪の状態によっては1つの薬剤でカラーする場合もあります。

100 リタッチって何？

髪が伸びてきた部分だけを染める行為です。毎回全頭を染めるより、髪に負担も少ないしお値段も安くすみます。

私は2ヶ月に1回ペースでリタッチをし、3回に1回ペースでリタッチではなく全頭カラーリングをしてもらっています。

101 好きなだけ通えるカラーチケット

ちなみに、美容院によっては、年間通い放題のお得なカラーチケットを発行しているところも。

102 眉毛の色をどうするか問題

髪色がかなり明るくなった場合、眉が黒いままだと浮いて見えることがあります。

美容院によっては眉カラーもしてくれるところがあるので、相談してみて。最近は、髪色に合わせた眉マスカラを販売している美容院もあります。

103 ハイライトとローライト

ハイライトとは、ベースの色よりも明るい毛束を作ること。ローライトとは、ベースの色よりも暗い毛束を作ること。

104 スライシングとウィービングとメッシュ

ハイライトやローライトを入れる方法には、大きく分けて2つの方法があります。ひとつは、スライシングといって、毛束を太くとって色を変える方法。もうひとつは、ウィービングといって、縫い針のように細かく毛束をとって色を変える方法。スライシングでカラーをすると、色の違いが際立って個性的な印象に見えます。一方で、ウィービングでカラーをすると、ナチュラルな明暗がつきます。

このほかに、メッシュと呼ばれるカラー方法があります。メッシュは、部分的に色を変えることを指します。スライシングやウィービングが均等にカラーを入れる場合が多いのに対して、メッシュはポイント染めをさすことが多いです。

ウィービング
細い束で色を変えること。「線」で色が見えます

スライシング
太い束で色を変えること。「面」で色が見えます

105 グラデーションカラーとバレイヤージュカラー

グラデーションカラーは、根元から毛先に向かって徐々に明るくなるカラーのこと。最近メニューでよく見るバレイヤージュとは「ホウキではいた」という意味。グラデーションカラーの暗い部分のほうにもハイライトが入っているものをさします。

106 肌が弱くてもカラーはできる?

カラーをすると頭皮がかゆい、かぶれるといった人は、美容師さんに相談してください。

ゼロテク(頭皮に薬液をつけないで塗るテクニック)やネモギリ(根元を切る→根元を外して薬液を塗る)などといった、技術面でカバーできる場合もありますし、オーガニックカラーに切り替えてもらうという手もあります。

ただし、ほとんどのカラー剤に配合されているジアミンという成分にアレルギーを持つ人がいて、このような方はカラー剤自体を避けたほうがいいでしょう。その場合は、ヘアマニキュアやヘナなどに切り替えできるかを相談してみて。逆に、これはあまり知られていませんが、ヘナにアレルギーが出る人もいます。

107 すぐ色が抜けてしまう問題の解決法

強いブリーチをしてもともとの髪色をしっかり抜いてカラーを入れた場合、**褪色したらブリーチしたときのようなイエローの髪になることを覚えておきましょう。**

それを防ぐために、最近では色持ちをよくするカラーシャンプーなども売られています。私自身もかなりハイブリーチしてメッシュを入れていますが、カラーシャンプーのおかげで、数ヶ月は褪色を防げています。

108 実はこんなに！ パーマの役割

ひとくちにパーマといっても、いろんな用途のパーマがあります。

①カールやウェーブを作る
②根元を立ち上げてボリュームを出す
③髪を流したい方向に流しやすくする（前髪など）
④髪の質感を変える（直毛を柔らかくするなど）

ボリュームを出すパーマや、質感を変えるパーマなどは、ほとんどカールはつかないイメージです。

109 パーマをかけてもいい場所、老ける場所

カールやウェーブを作るパーマの場合、耳より上にカールやウェーブをつけるときは要注意。**パーマをかけた部分が広がりやすくなったり、顔まわりにうねる毛が出ると老けて見えたりするので、デザインをしっかり相談して。**

ボリュームを出すパーマや質感を変えるパーマは、トップや後頭部、前髪にかけることも多いです。

110

意外と知らないウェーブとカールの違い

ウェーブはＳの字。カールはＪやＣの字。ウェーブはある程度長さがないとできません。

Sウェーブ
華やかな印象のSの字ウェーブ。波（ウェーブ）を作ることになるので、ある程度の長さが必要

Cカール
毛先がころんとCの字にカーブするのがCカール。元気でアクティブな印象になる。短い髪の毛先などに向いている。カールアイロンでカールをつけるのもいいけれど、ストレートアイロンでクセをつけるのもよし

Jカール
Cカールほど強いカールではなく、毛先が軽く曲がるくらいのイメージ。フェミニンな印象になりやすい。レイヤー（段）が入っていないとうまく巻けないので、Jカールを出したい人は、「巻き髪にしやすいように」とオーダーして

111 ストレートパーマと縮毛矯正

それぞれ、役割が違います。

・ストレートパーマ→パーマを落とすときや、軽くクセを落ち着けるときにかける（コームで毛を伸ばす）

・縮毛矯正→地毛の強いクセを伸ばすときにかける（アイロンで毛を伸ばす）

112 コールドパーマとホットパーマ

・コールドパーマ→従来のパーマ法。濡れているときにカールが強く出る

・ホットパーマ→ロッドに電極がついていて、熱を与えながら巻く方法。乾いたときにカールが出る

ちなみに、エアウェーブ、デジタルパーマなどは、ホットパーマの商品名です。

それぞれに特徴があり、希望のデザインや髪質によって使い分けます。スタイリン

グの仕方も変わるので、美容師さんに聞いてみて。

113 美容院でのトリートメントは何が特別？

美容師さんに聞きました。

「髪の毛を海苔巻きに例えると、普段、家でするトリートメントは海苔の部分に働きかけてケアするようなもの。美容院でのトリートメントは、お米や具材の部分にまで浸透してケアするようなもの」

114 トリートメントの効果が長持ちしないと思ったら

もし美容院でトリートメントをしても、その効果が長持ちしないと感じるときは、家のシャンプーとの相性に問題がある場合も。ホームケアで使う商品も、美容師さんと相談してみて。

115 ヘッドスパとトリートメント

大ざっぱにいうと、

- **ヘッドスパ↓頭皮のケア**
- **トリートメント↓毛のケア**

116 「軽くしたい」には気をつけて

美容院の失敗でよく聞くのが、「軽くしたいと言ったら、スカスカになった」問題。

軽く見せたい場合

- **量を減らす**
- **髪を動きやすくする**

・カラーを明るくする
・顔まわりに透け感を出す

などなど、いろんな解決法があります。

実際に量を減らして軽くしたいのか、見た目が軽くなればいいのか。そのあたりまで伝えるといいですよ。

117 前髪を流す方向を伝える理由

髪には、短いほうから長いほうに向かって毛が流れる性質があります。なので、前髪を流すスタイルの場合、美容師さんは流したい方向に向かって徐々に長くなるように切ります。前髪を流したいときは、どちらからどちらに流したいか説明しましょう。

118 グレイヘアは一種の才能

近年、人気が高まっているグレイヘア。「もともとの自分の髪色を大切にしよう」

というグレイヘアは、白髪をポジティブにとらえる素敵な考えかただと思います。ただ、白髪を育てる期間はかなり大変。

美容師さんに、自分はどれくらいの期間で白髪に切り替わるか、相談しながら移行していきましょう。オール白髪になる確率は、それほど高くありません。

ちなみに私の祖母は雪のようにキレイな総白髪でした。母もそれに憧れてグレイヘアを目指していたのですが、5年たっても10年たっても顔まわりにひょろひょろ白髪が出るだけだったので、あきらめて染めるようにしました。

雑誌などで見かける素敵なグレイヘアの人たちは、髪全体に対して白髪率が少なくとも60〜80％以上の人が多いようです。

ごま塩状態のまま伸びていく時期はなかなかしんどいので、ウィッグを使ったり、明るく染めて白髪をハイライトのように使ったりするのもおすすめです。

119 スタイリング方法は聞いておく

せっかくのスタイルも、家で再現できなくては意味がありません。どんなふうにスタイリングをするのか、どんなスタイリング剤を使うのか、必ず美容師さんに教えてもらいましょう。

ほとんどの人は、365日のうち、360日くらいは自分でスタイリングするのですから。

120 スタイリング剤はなるべく買う

スタイリング剤をおすすめされたら、なるべくそれを購入するのがいいでしょう。

美容院で買うスタイリング剤はドラッグストアに比べて高いのですが、**髪質と髪型に合ったものを勧めてもらえるので安心です。**スタイリング剤は比較的長持ちするので、いい髪型をキープするための投資と思えば、元はとれそう。

ドラッグストアで買う場合は、自分にはどんなタイプのスタイリング剤が合うのか美容師さんに聞いておきましょう。ハードなのか、ソフトなのか、繊維（ファイバー）が入っているものがよいかどうかなど。

121 賞味期限を聞く

その髪型がだいたいどれくらい持つのか、聞いておきましょう。

122 美容院が混むのは3月と12月

この時期は繁忙期なので、予約を早めに入れましょう。歯医者さんのように、次の予約を入れておく「次回予約」もおすすめ。美容院によっては次回予約特典がある店も。

123 電話なら予約がとれる（かも）

ネット予約で満席でも、**電話をしてみると意外と予約がとれるケースもあります。**
これは、ネット予約はある程度余裕を見て設定しているからなんです。

124 初回チェンジにはリスクがある

自分の髪には、前の美容師さんのカットの痕跡が残っています。美容師さんを変えたとき、初回だけで判断しないほうがいいのは、初回は前の美容師さんのカット方法にどうしても左右されるから。

125 いい美容師さんに出会うコツ

自分の知り合いで「この人の髪が素敵だな」と思う人に、誰に切ってもらっているのかを聞いて指名して。予約するときは必ず「○○さんの紹介で」と伝えるのがいいでしょう。

この方法が有効な理由は、

①「あなたが好きな雰囲気の髪型にする技術」があることがわかっている

②美容師さんは紹介のお客さまをとくに大切にする

から。

美容師さんに聞くと、「お客さまを差別はしないけれど、紹介の方に満足いただけないと、紹介してくださった方の顔に泥を塗ってしまうことになるので、やはり気合が入りますよね」とのこと。

せっかくですから、気合を入れてもらいましょう。

126 インスタはここをチェックして

美容院のインスタグラムでは「実際のお客さま」がキレイになっているかどうかを

チェックしましょう。Before↓Afterがのっていれば、腕前がよくわかります。

モデルさんのヘアスタイルをのせている場合、実際はカットやカラーの施術をしておらず、ヘアメイクをしているだけのケースもあります。

127 ショートカットがうまい美容師さんの見つけかた

ショートヘアは、カットの腕の差が出やすいスタイル。

SNSなどに頻繁にショートヘアを掲載している美容師さんは、ショートのカットを得意としている人が多いです。人によっては、ユーザーネームや名前に「ショート」「ショートヘア」などと入れてアピールしているので、見つけやすいですね。

128 流派がバラバラ？ フリーサロン

余談ですが、最近日本では「フリーサロン」「面貸しサロン」といわれる形態の美容院が流行っています。

たとえば、カット席が10席あったら、それぞれ席ごとに契約している美容師さんがいる。そういう美容院では、同じ美容院で働いていても、使う薬剤からカット方法から全然違うんです。

ですから、お友だちからおすすめの美容師さんを聞いたら、「美容院」ではなく、「その美容師さん本人」を指名するのがコツです。

129 美容院のサブスクリプション

ネットフリックスやアップルミュージックのように、美容院にも月額制の通い放題サブスクリプションサービスがあります。

このサービスを使うと、毎日違う美容院にシャンプー&トリートメントに行くこともできちゃうんです（プランによってはアレンジやヘアカラーし放題のものも）。

新しい美容院を試すのは勇気がいるので、このようなサービスを使って、お気に入りの美容師さんを探すという方法もあり。今は大都市中心のサービスですが、そのうち全国に広がると思われます。

130

浮気したらバレますか？

美容師さんに聞くと、5ミリ切っただけでもわかるそうです。つまり、バレます。

131

浮気して戻ってもいいですか？

でも、バレるんですけれど、浮気してもいいんですよ。そのときどきで、なりたい自分も変わると思うし、そうしたら美容師さんも変えたくなりますよね。

もし、前の人がいいと思ったら、戻ってもいいです。「やっぱり、○○さんじゃないとダメだと思ったんです」って言われたら、**美容師さんとしては、今まで以上に大切にしたいって思うらしいです。**

132

美容師さんには言いにくいこと

ある雑誌記者の方が、「私、7年ぐらい同じ美容院に通っているんですが、いつも短く切られすぎるなぁと感じるんです」と言っていました。

彼女はとても素敵なショートボブだったのですが、いつも、切られてから1ヶ月くらいはあまり気に入らず、1ヶ月後ぐらいにちょうどいい長さで落ち着いてくると感じるそうなのです。

私が「そのことを、担当の美容師さんにお伝えされないんですか?」と聞くと、「長く通っていて、気心の知れている美容師さんであっても、伝えるのには勇気がいるし、言わなきゃいけないくらいなら、美容院を変えるほうが気が楽」とのこと。

実は、このような話を聞くのは初めてではありません。

長いおつきあいの美容師さんほど、あまり傷つけたくないという理由で、ちょっとした不満を伝えられない人が多いと感じます。過去には、10年間同じ髪型でおまかせしてきた美容師さんに、「ちょっと飽きてきたからイメチェンしたい」と言えなくて悩んでいるというお客さまに出会ったこともあります。

その美容師さんにそれを伝えて傷つけてしまうくらいなら、美容院を変える、というわけです。

でも……。せっかく、7年、10年と通うことができる、信頼できる美容師さんに出会っているのです。できることなら、新しい美容師さんにチェンジする前に、その美容師さんに、今、感じていることを、伝えてほしいなあと思います。

気まずいという気持ちはわかります。

でも、ちょっと想像してみてください。

もし、好きな人がいて、つきあっているとします。

相手の男の人が、あなたのほとんどの部分が好きなのに、たった1ヶ所だけ、どうしても気になる部分があったとします。

たとえば、トイレのふたは必ず閉めてほしい、と思っているとか。

もし彼が、「その部分を指摘したら傷つくかもしれない。それなら、何も言わずに別れて次の女の子とつきあおう」と考えたとしたら、

「え、そんなこと、言ってくれたら、すぐ直すのに！」

「というか、そんなところにこだわりなんかないから、速攻変えるのに！」

と、感じると思うんですよ。

美容師さんも同じです。

「え、短いと思ってたんだ！　じゃあ、今回からは少し長めに切るね！」

というくらいのものかもしれません。

ひょっとしたら、その記者さんが、仕事が忙しくてなかなか美容院に来られないと言っているから、しばらく切れなくても気にならないように少し短めにしておこうと思っているのかもしれません。

いずれにしても、ひとこと、

「前回、1ヶ月後くらいにちょうどいい感じになったので、前回よりもちょっと長め

に切ってもらえますか」

と、あっけらかんと伝えるだけで解決してしまうと思います。

この場合、**ポイントは、申し訳なさそうに言わないこと。**これは臨床心理士の先生に習ったのですが、こちらが気まずいなあと思いながら話すと、相手にもその感情が感染して、相手も気まずくなってしまうそうです。だから、からっと、明るく言うのがコツです！

毎日のお風呂の中での時間は、美しい髪を育てる時間です。知っているだけで髪が変わる、調子が良くなるエッセンスを集めました。

Chapter 4

バスタイムのレディのたしなみ

133 髪を洗うのは朝？ 夜？

これもよく聞かれる質問ですが、答えは決まっています。夜です。

①夜シャンがいい理由

頭皮の汚れをオフした清潔な状態で寝ることができる→健康な髪が生えてきやすくなるから。

②朝シャンを避けたい理由

寝ている間に分泌している皮脂を朝シャンでとりのぞいてしまう→頭皮がむき出しの状態で外出することになるから。

ちなみに日本人は、「毎日シャンプーする人」の割合がずば抜けて高いといわれています。高温多湿の国という事情はありますが、汗も汚れも気にならない日は無理にシャンプーしなくていいですよ。

134 髪のダメージ診断法

髪を数本濡らして、指にくるくると巻きつけます。自然と巻きつけた指から離れたら、健康な髪。

でも、**指に巻きついたままになっていたら、たんぱく質の結合が弱くなってダメージを受けている証拠。**カラーやパーマは控えたほうがいいでしょう。

135 シャンプーは家族の数だけ、いる

男性と女性では、頭皮の油分が違います。脂をしっかり落としたい男性用シャンプーを使うと、女性の皮脂は落ちすぎる場合も。逆に、年配の女性向けシャンプーは、子どもや男性には成分がリッチすぎることもあります。

高いシャンプーを夫にじゃばじゃば使われたくないと思ったら「**そのシャンプー、男性の頭皮向けじゃないから、よくないと思うよ**」と言いましょう。たいてい「え？

抜け毛が増える？」と思って使うのをやめてくれるはず。

136 体を先に洗う派、髪を先に洗う派問題に決着

髪は濡れている時間が短ければ短いほどいいので、お風呂をあがる直前がいいかと思いきや、ここでの順番の差は、美容師さんに言わせると五十歩百歩なのだとか。

それよりも、**女性が気にする背中のニキビは、シャンプーやトリートメントの成分が原因という説もあるので、髪↓体の順に洗うのがいい**そうです。

137 シャンプーとトリートメントは同ライン？

シャンプーとトリートメントは同ライン（同じブランド）で選んだほうがいいかということですが、必ずしもそうではありません。

頭皮が乾燥していると思うなら、シャンプーは頭皮ケアに特化したものを使い、トリートメントは保湿中心、などとラインを変えて選んでも大丈夫です。

ただ、いずれにしてもシャンプー選びは難しいもの。髪質によっては、まるで逆効果のものを選んでしまうこともあります。毎日のことだからあなどれません。美容師さんに相談して選ぶのがいいでしょう。ちなみに、美容院のシャンプーを買う予算がない場合は、そう伝えて相談して大丈夫です。

138 しっとり？ さらさら？ シャンプー選び

シャンプー&トリートメントには、しっとり、ツヤツヤ、さらさら、ふんわりなどの表記がありますよね。

基本的には、美容師さんに髪質に合うものを選んでもらうのがいいのですが、自分で選ぶ場合の目安をお伝えしておきます。

・しっとり or ツヤツヤ
↓保湿成分が髪に残りやすく、乾燥から髪を守ってくれるものが多い。
↓クセ毛で広がりやすい人、ダメージ毛や乾燥毛の人などにおすすめ。

・さらさら or ふんわり
↓保湿成分が髪に残りにくく、髪1本1本が軽くなって、ボリュームが出やすい。
↓ボリュームが出にくい人、ネコっ毛の人などにおすすめ。毛量が多い健康毛の人にも。

139 美容師さんが「あっ！」って思う瞬間

長く通っているお客さまの髪が突然傷んだ場合
①シャンプーを髪質に合わないものに変えた
②海やプールなどに通いはじめた
③紫外線をいっぱい受ける機会があった
が、多いのだそう。

初めてきたお客さまの髪が傷んでいる場合は、それに加えて

④髪の乾かしかたが間違っていないか
⑤これまでにダメージが強く出る施術をしていないか
⑥ホームカラーをしていないか

などを確認するのだそう。

140 こだわるべきは、トリートメントより断然シャンプー

シャンプーとトリートメント。どちらが大事かというと、シャンプーです。なぜかというと、前にも書いたように、髪は死滅細胞で、頭皮は生きているから。頭皮を洗うものを重要視したほうがいいんですね。

さらにいうと、シャンプーの値段の差は、髪を洗い上げる洗浄成分の差になります。高いシャンプーは内容成分の原価が高いのです。

それに比べて、トリートメントは、高いトリートメントと安いトリートメントの間に、シャンプーほどの差はありません。なので、予算に限りがあるのであれば、シャ

ンプーを優先するのが正解です。

141 シャンプーにも消費期限がある

シャンプーは未開封の状態で3年ほど、開封したら半年から1年で使い切りましょう。お風呂の中は高温多湿なので、成分が変質しやすくなります。しばらく使わないときは、お風呂から出して保管して。

とくに**オーガニック系のシャンプーで防腐剤や保存料が使用されていないものは、まとめ買いしないほうがよいです。**

142 詰め替えボトルは乾かして

底に残ったシャンプーやトリートメントにお湯を入れてじゃばじゃばしたら、その日のうちに使い切って。また、新しいシャンプーを詰め替えるときは、ボトルを洗ったら

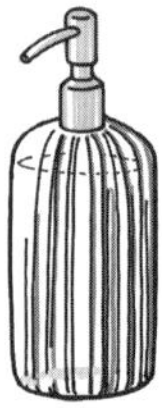

しっかり乾かして。水が入ると成分に影響が。

143 「洗髪」ではなく「洗頭」を意識する

シャンプーは髪ではなく、頭皮を洗うものです。

シャンプーのことを「洗髪」といいますが、正しくは「洗頭」とか「洗頭皮」だと思ってほしい。髪を洗うものだと思っていると、髪を傷めてしまいます。

144 ブラッシングのすすめ

シャンプーする前には、ブラッシングするのがいいでしょう。
①髪についたほこりや汚れをとる
②毛先のからまりをとっておく
が、主な目的です。

145

目的に合わせてブラシを選ぶ

普段の生活でも、ブラッシングを習慣にするといいですよ。

①頭皮マッサージになって、顔が引き上がる
②髪にツヤが出る
③髪のからまりが防げる

ブラシは、①〜③の目的に合わせて使い分けて。

①頭皮マッサージ用のブラシ
↓（乾いているとき用）クッションブラシ・パドルブラシ
↓（濡れているとき用）シャンプー用ブラシ

②ツヤ出し用ブラシ
↓豚毛などのブラシ
↓つげのクシ

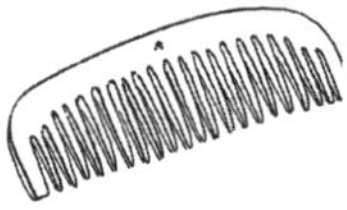

③からまり防止用ブラシ
↓長い毛と短い毛が混ざっているようなブラシ

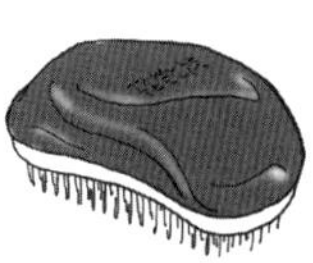

146 湯シャンでほとんどの汚れは落ちる

38度で2分。ぬるめのお湯で髪を洗ってから、シャンプー剤をつけます。この湯シャン（予洗い）だけで皮脂の汚れの7割は落ちると言われています。

シャンプーの前に湯シャンをしておくとシャンプーの泡立ちもよくなるので経済的だし、髪をごしごしこする必要もなくなるので髪の負担も減ります。湯シャンで頭皮の汚れを浮かせて、それをシャンプーの泡で包み込んで流すイメージです。

湯シャンだけでシャンプーを使わない人もいますが、**皮脂量が多い人などは湯シャンだけでは皮脂が毛穴につまりやすくなります。**数回に1回はシャンプーを使うようにするといいですよ。また、スタイリング剤は湯シャンだけでは落ちません。

147 シャンプーは耳後ろで泡立てて

シャンプーを泡立てようと、髪をごしごしすぎると傷みます。それを防ぐには、事前に髪をしっかり濡らしておくこと（137ページ 146 参照）。そして、比較的毛量が多くて、普段摩擦しにくい（つまりダメージを受けにくい）耳後ろの毛（根元のほう）あたりで泡立てること。

148 温度は38度が鉄則

熱いお湯でシャンプーをすると、頭皮や髪に負担がかかります。38度のぬるま湯で洗いましょう。とくにカラーやパーマをしている人は。

ときどき、フケやかゆみが気になるからと、熱いお湯でごしごしシャンプーする人がいますが、逆効果です。

149

スタイリング剤はトリートメントで落とせる

スタイリング剤がたくさんついている日は、まず髪を濡らしたあとにトリートメントを全体になじませてから流します。そのあと、いつものシャンプー↓トリートメントを。

150

シャンプーはうつむかない

シャンプーをしているときは、できるだけあごを上げるといいです。うつむくと、顔や首にたるみが出やすくなるから。

151

ザビエルゾーンの頭皮をマッサージ

シャンプー＝頭皮マッサージと思って、頭皮を動かすことに専念して。

とくに、顔まわりのカチューシャゾーンと、血流が流れにくいザビエルゾーンをマッサージすると、顔が引き上がる&血行がよくなって一石二鳥。

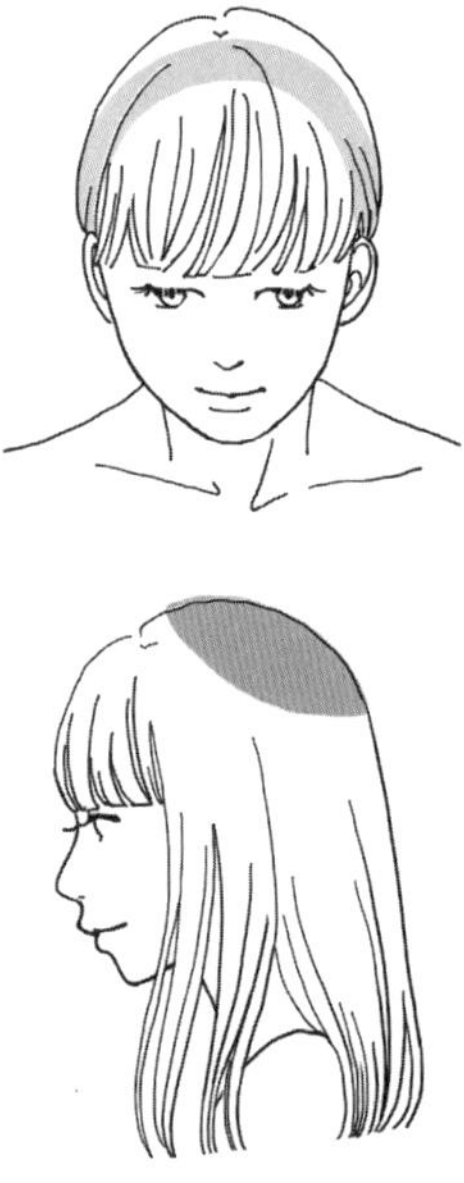

152 電動マッサージャーのすすめ

最近では、頭皮用の電動マッサージャーが人気です。私もひとつ持っていますが、お風呂の中でも使えて、頭皮もしっかりマッサージできるのでおすすめです。

153 耳後ろは直接流す

シャンプーを流すとき、耳後ろはすすぎ残しやすいところ。ここは直接シャワーヘッドをあてて流して。

154 トリートメント前は水気を切る

びしょびしょの髪にトリートメントをつけても、水分で飽和した髪には浸透しません。手で軽くしぼって一度水気を切って。

155 トリートメントは、ほぼ不時着している

髪はだいたい10万本くらいあると言われています。トリートメントを手にとってざっと髪につけたくらいでは、ほとんどの毛にトリートメントはつきません。目の粗いコームなどで、トリートメントをなじませ、髪にしっかり着地させましょう。

156 トリートメントは量より時間

トリートメントはたくさんつければいいというものではありません。むしろ、**重要なのは量より時間**。そして前に書いたように、**できるだけたくさんの髪に接触すること**。時間に余裕がある日は、15分くらい置くと、いいでしょう。

157 コンディショナーとトリートメントの違い

コンディショナーは、髪の表面を油分でコーティングして、きしみをおさえたり、手ざわりをよくしたりする役割があります。トリートメントも同様なのですが、それに加えて、傷んだ部分を補修する役割もあります。さらに、ヘアパックやヘアマスクはとくにダメージが気になるときのスペシャルケアとして使います。

もし、併用するなら、**先にトリートメント（やヘアパック・ヘアマスク）をして髪に働きかけ、そのあとにコンディショナーでコーティングを。**

158 髪が喜ぶスペシャルケア

スペシャルケアをしたい日は

①トリートメントをつけたあとに、蒸しタオルで頭を巻き、時間を置いてから流す

②トリートメントを2回つける（シャンプー＋トリートメント＋トリートメント）

この場合、1回目のトリートメントは根元付近から毛先まで全体的に。2回目のトリートメントは毛先中心につけると、とくにダメージが強く出やすい毛先の集中ケアができます。

③トリートメントを流したお湯を洗面器にためておき、そのお湯をもう一度髪にかけたあとにシャワーで流す

159 トリートメントを流すのはもったいない？

トリートメントのすすぎ残しがあると、頭皮の毛穴にトリートメントの油分が残ってしまい、頭皮トラブルや、抜け毛の原因にもなります。**もったいないように感じても、必ずしっかり流してください。**

160 シリコンは悪くない

シリコン論争は長きにわたるのですが、「シリコンは安全性には問題がなく、髪をコーティングしてなめらかに保つのには最良の方法」という感じで、だいたい決着したと思ってよいのではないでしょうか。

161 じゃあ、ノンシリコンシャンプーが流行ったのって？

身もふたもないですが、マーケティング戦略のひとつだったと思います。

ノンシリコンシャンプーが悪いとは言いませんが、**きしみやすい人やダメージが強い人は、シリコンが入っているものに戻してもいいと思います。**

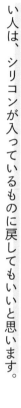

髪が一番もろいのは濡れているとき。だからこそ髪を乾かす手順は大事です。このルーティンが間違っているとダメージが爆速進行するので、いま一度チェックして。

Chapter 5

洗面台では迷いなく

162 お風呂上がり、髪と肌の優先順位

できれば肌に化粧水をつける前に、髪を乾かしてほしいと言いたいところ。が、100歩ゆずって、化粧水が終わったらすぐに乾かしはじめましょう。濡れている髪はキューティクルが開いていて傷みやすいので、なるべく早く乾かして。

163 生乾きは雑菌の温床

生乾きのまま寝ると、雑菌が繁殖しやすくなって、頭皮がにおうように。必ず乾かしましょう。

164 トリートメントには2種類ある

トリートメントには、お風呂の中で使う用の、洗い流すトリートメント（インバス

トリートメント）と、洗い流さないトリートメント（アウトバストリートメント）がありました。

165 アウトバストリートメントをつけるタイミング

タオルで髪をはさんで水気をふいたあと（びしょびしょじゃない状態）。そしてドライヤーをかける前。根元は避けて、中間から毛先になじませます。

166 体育会系タオルごしごしは禁止

正しいタオルドライをすると、そのあとドライヤーで髪を乾かす時間も減ります。とはいっても、体育会系男子のように、ごしごし髪をふくのはNG。**タオルドライは、髪の毛ではなく頭皮の水分をとるものだと思って。**

根元を立ち上げるようにして頭皮から水をとっていったら、中間から毛先部分はタオルでそっとはさむようにして水分を切ってください。

167 ターバン巻きも禁止

髪が濡れているときにタオルをターバンのように巻いたままの人がいます。**髪の根元がつぶされてしまい、変なクセがつきやすくなるので気をつけて。**一度根元についたクセは、もう一度濡らさないと直らないので、結局二度手間になってしまいます。

168 根元↓毛先の順に乾かす

髪は根元から乾かします。先に、一番乾きにくいえり足の根元から乾かしましょう。トップや後頭部などは、根元をこするように髪をふって乾かすと、根元が立ち上がってふんわりしやすくなります。

前髪や顔まわりにクセがある人は、えり足よりも先に、前髪や顔まわりの根元をこすりながら乾かすのがいいでしょう。

一度乾いてしまうとクセが戻らなくなるので、一番クセが出やすい部分の根元をしっかり乾かすのが鉄則です。

正しい乾かしかた

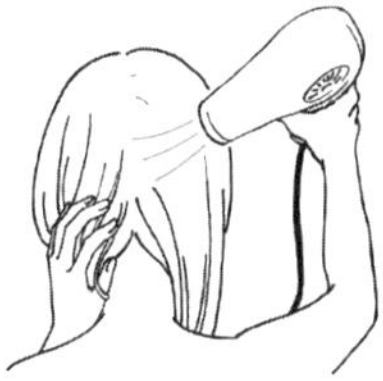

①ドライヤーはえり足から

②サイドは根元から乾かす

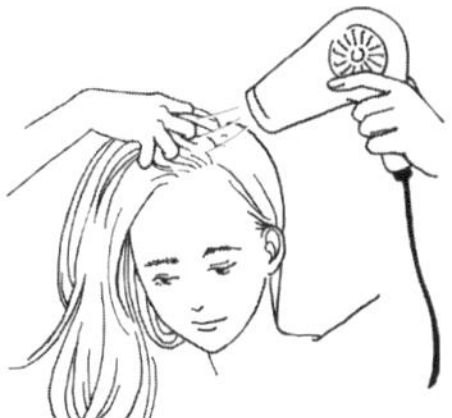

③トップは根元をふって乾かす

④表面は手グシを入れながら

169 「根元から乾かす」の勘違い

ちなみに、**根元から乾かす＝下からドライヤーの風をあてると思っている人がいますが、これは大きな勘違い。**下から風をあてるとキューティクルがめくれてしまいます。根元を乾かすときも、キューティクルの方向には逆らわないで。

170 高いドライヤーより軽いドライヤー

最近、高価なドライヤーがたくさん出ていますが、チェックしたいのは軽さと風量です。

169で書いたように、髪を乾かすときは、キューティクルに逆らわないようにドライヤーを上に持ち上げる必要があるので、重いものは向きません。また、風量が強ければ、それだけ熱を与えている時間も短くなるので、結果的に、ダメージを最小限におさえられます。

171 ドライヤーの平たい口はとる

ドライヤーについている、平たい口。髪を乾かすときは、あれ、外してください。平たい口は、前髪のブローなど、ピンポイントで風をあてたいときに使うものです。

172 キューティクルの方向をいつも意識する

29ページ 12 でも書きましたが、キューティクルは絶対にめくらない所存で。どんなに高価なドライヤーを使っても、キューティクルをめくっていたら台無しです。

173 100均手袋で時短を叶える

さらに髪を乾かす時間を減らしたいなら、タオル生地のドライ用手袋を使うのも手です。最近では100均でも売っています。

174 マイナスイオンドライヤーの盲点

髪がぺたんこになる人は、マイナスイオンドライヤーは避けたほうがいいでしょう。マイナスイオンが水分とむすびついて、髪がしっとりしすぎるから。

髪がキマらないと、一日ずっと憂鬱ですよね。
ほんのちょっと気をつけるだけで、仕上がり
に差がつく簡単わざを集めました。

Chapter 6

お出かけ前に差がつくこと

175

朝シャンを禁止されると辛い？

128ページ 133 で書いたように、外出予定のある日に朝シャンはなるべく避けたほうがいいのですが、朝、もし頭皮のべたつきやにおいが気になったら、お湯で流す＋トリートメントで乗り切って。

176

寝グセは根元から一度濡らす

クセがついている部分は、一度根元を濡らしてドライヤーをかけながらクセをとります。髪は根元の方向と反対に動く性質があるので、毛先だけを濡らしてスタイリングしてもうまくいきません。根元を濡らしたら、頭皮をこするように乾かして、根元の生えグセをとりましょう。

177

とにかく時間がないときは

①寝グセを直す。急がば回れで水→ドライヤーの手順を踏んで

②もう1分時間があるなら、顔まわりのうねりやクセだけとって。195ページ 225 参照

③そんな時間もなければ、とりあえず結ぶ。181ページ 208 参照

①毛先をいくら濡らしてもクセはとれない。ハネている毛束の根元部分を水で濡らして

②濡らした部分の根元を左右に揺らすようにして、根元の生えグセを直すと、毛先も自然とハネなくなる

178 女は分け目から老ける

毎日同じ場所でぴしっと分け目をつけていると、その部分の頭皮だけ紫外線や乾燥の影響を強く受けます。そこから薄くなったり、白髪も増えたりします。なので、定期的に分け目を変えたほうがいいです。

179 分け目変更トレーニング

でも、つむじの位置や生えグセによっては、分け目がいつも同じ場所になってしまう人もいますよね。そういう人は、ストレッチで体をほぐすように、徐々に、頑固な分け目の位置をずらしていきましょう。

具体的には、髪が濡れている状態のときに、髪を左右にふって乾かします。いつもとは違う場所で分け目を作って、冷風でその位置を固定してみてください。

どうしても髪が戻ってしまうようなら、スタイリング剤を使ったり、髪を結んでもいいでしょう。お出かけの予定がない日などに試すのがおすすめです。

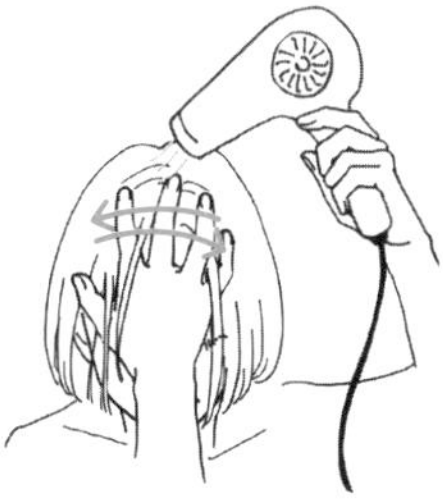

①分け目をまたぐように、髪を左右にふって乾かして

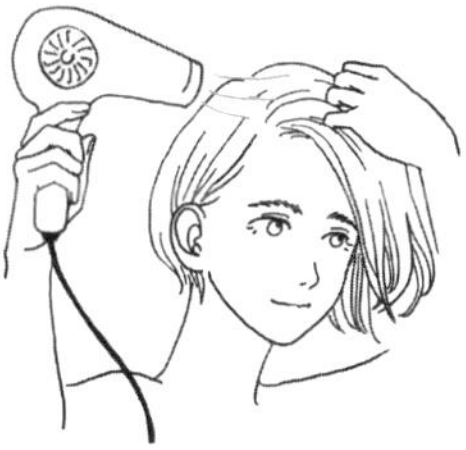

②髪を右から左に引っぱる

③反対に、髪を左から右に引っぱる。②と③をくり返したら、普段とは違うほうで分け目をとり、根元をぐっと引っぱりながら温風10秒→冷風10秒で固定する

普段と違う分け目で髪をとったまま髪を結んで、新しい分け目を記憶させるのもgood

180 ふんわりorすっきりの乾かしかた

トップにボリュームを出したいときは、つむじの方向と逆方向に根元を引っぱって

乾かすとふんわりします。

すっきりまとめたいときは、つむじの方向にそって根元を乾かすと、コンパクトにまとまります。

181 ハチと耳後ろはボリュームを落とす

毛量が多くてボリュームが出やすい人は、根元を下に引っぱるようにしながらしっかり乾かして。内側の毛から乾かしはじめて、最後に表面の毛を乾かします。このとき、手ぐしを通しながら乾かすと、髪がおさまりやすくなります。最後に冷風で髪を引き締めると、なおよし。

あとは、髪が半乾きのときにヘアミルクやオイルなどをつけておくと、しっとりまとまりやすくなりますよ。

とくに、ハチ部分と耳後ろはしっかり根元を倒して乾かしてコンパクトにおさめると、good。

182

後頭部を盛ると若く見える

後頭部にボリュームがある髪型は、リフトアップして見え、一気に若々しい印象になります。

カーラーやアイロンを使うのもいいですが、一番簡単なのは、指で持ち上げてドライヤーでボリュームを出す方法。

後頭部の根元を指で立ち上げて、その根元部分に温風を10秒、冷風を10秒あてて立ち上がりのクセをつける

183

おでこ隠しは大人女性の七難隠す

おでこのシワが気になりはじめたら、前髪を作ったり、斜めに流したりして、おでこ見え面積を減らしましょう。

①乾かす時点で分け目をまたぐように髪を左右から乾かして（150ページ

168参照）
②前髪はロールブラシやマジックカーラーで内巻きに
③キープ力のあるワックスをつけた指先で前髪の毛束をつまんで、束感を出す

184 ひし形が圧倒的に美人

ピラミッドにもロゴマークにも「黄金比」と言われる美しいバランスがあるように、髪にも黄金比があります。それは、ひし形を作ること。

理想的なひし形にするためには、
①トップに高さを出し（後頭部テクと同じで温風＋冷風）
②ハチまわりをおさえ（乾かすときに根元を引っぱりながら乾かす）
③サイドの髪を広げる（耳にかける）
こと。

①耳にかける

②髪をかぶせる

耳にかけるときは、上から表面の毛をかぶせると自然なひし形になります。

ショートヘア
こめかみよりもやや上くらいに重心(広がり)のポイントを持ってくるとバランスよく見える

ボブ〜ミディアムヘア
目の下からチークラインくらいの間に重心(広がり)のポイントを持ってくるとバランスよく見える

ロングヘア
目の高さから耳の真ん中くらいの間に重心(広がり)のポイントを持ってくるとバランスよく見える

185

ブローは自分でやると難しい

美容院でブローをしてもらうと、髪がツヤツヤになるのですが、あのブローテク、実は自分でやるにはちょっと難しいです。なぜなら

①ドライヤーを持つ手
②ブローブラシを持つ手
③毛束を取り分けておく手……

あれ？　ブローするのって、腕が3本必要じゃないですか？　だから、家で自分でブローするのって難しいんですよね。

186

腕2本でできるスタイリング

ですから、腕2本あればできる

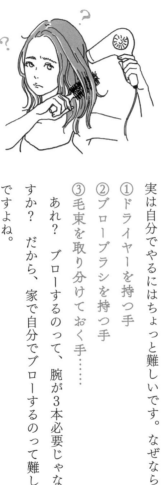

①ハンドドライである程度キレイに乾かす
②アイロンで表面を整えてツヤを出す

のほうが、やりやすいです。アイロンは、カールアイロンでもストレートアイロンでもOK。キューティクルを整えるイメージで、毛束をとってすべらせます。

187 やけどしないロールブラシ型アイロン

アイロンを使うのが怖い人は、くるくるドライヤーのようにブラシがついているアイロンか、ロールブラシのようなアイロンがおすすめ。中心部分しか熱くないので、やけどしません。ブラシを通すだけで、髪がツヤツヤに。

188 皮脂を味方につけるブラッシング

毎朝ブラッシングすると、頭皮の皮脂がいい具合に髪にのびて、ツヤ髪がキープしやすくなります。

まず、毛先のもつれをほぐし、地肌にそってブラシを入れて。下から上に向かってとかすとリフトアップ効果も。

189 ワックスは爪の甲でとる

ワックスやバームなどをとるときは、指の爪の甲を使うと、爪の間にスタイリング剤が残りません。

190 ワックスは混ぜても使える

美容師さんがよくやっているのですが、硬いワックスと柔らかいワックスの2種類を混ぜ合わせると、いろんな質感が作れます。

しっかり動きを出したいときは硬めのワックスを多めに使い、まとまり重視のときは柔らかいワックスを多めに使うなど、いろいろ試してみて。

191 ワックスの伸ばしかた

ワックスは、手のひらの熱であたためて伸ばしてから使います。塊でつけちゃダメ。

192 撮影現場で、必ず最後にすること

ヘアスタイルの撮影では、美容師さんやヘアメイクさんが、モデルさんの髪の毛をスタイリングして撮影します。

その撮影をする直前に、いろんな美容師さんが必ずやるのが、**モデルさんを白い壁の前に立たせ、そこでヘアスタイルを最終チェックすること**です。

白い壁の前に立つと、髪の毛のシルエットがよく見えるし、アホ毛が出ていないかどうか、変な毛流れがないかが見やすくなります。だからみんな白壁の前に立たせるんですよね。壁がないときは白いカットクロスや白いタオルを広げて、その前に立っ

てもらったりします。

いずれにしても、最後に髪の毛の細部までしっかりチェックしてから撮影をしています。

この方法は、私たち一般人にも応用できます。

朝、ヘアスタイルを仕上げたあとに、白い壁の前に立って、そこで鏡（スマホのインカメラでもOK）をチェックする。これをすると自分の髪型がどんなふうに見えるかがわかりやすくなります。ぜひ試してみてください。

193 スプレーのかけかた

スタイルをキープしたい場合、キープスプレーは髪から10センチくらい離してかけると、風圧でスタイルが崩れることがありません。

前髪だけスプレーしたいときなどは、前髪の内側にひさしのように手を入れると顔にかかりません。

ポイントで固めたいときは、コームの柄にスプレーをふきかけ、それを髪につける方法も（192ページ 219 参照）。

前髪だけスプレーをかけたいときは、手を内側に入れてからスプレーすると、肌にスプレーがつかない。手を入れると前髪が持ち上がってしまうのが気になる場合は、クリアファイルなどを差し入れるのもよし

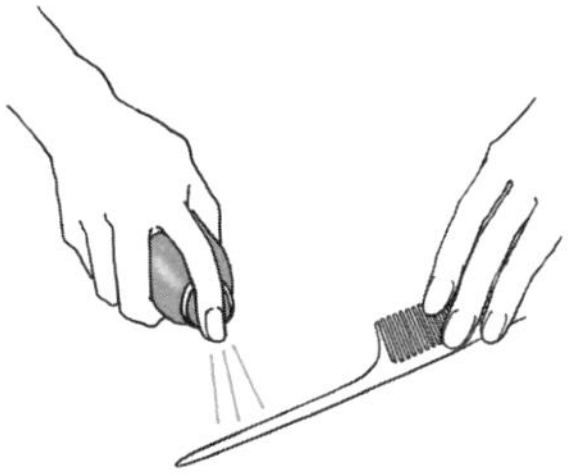

前髪が落ちてくるのを防ぎたい（根元を固めたい）、アホ毛をおさえたいなどの場合は、コームの柄の部分にキープスプレーをつけ、その柄の部分で髪をおさえて

服を着替えるように、ピアスを選ぶように、髪型も気分に合わせてチェンジできたら素敵。ここではスタイリング&アレンジの基本を紹介します。

Chapter 7

いざ、おしゃれするのです！

194

見られているのは横顔と後ろ姿

私たちは自分の顔を見るとき、いつも鏡で正面の顔を見ています。でも、私以外の人が私の顔を見ているときは、ほとんど正面以外の顔を見ています。

つまり、よく見られているのは、横顔だったり、後ろ姿だったりするのです。

で、ここからが肝心なんですけれど、横顔って、ほとんど髪ですよね。後ろ姿にいたっては、１００％髪ですよね。

つまり、髪の印象が、あなたの印象になっているのです。

195 頭頂部を撮ってみる

先ほど、「人から見られているのは横顔と後ろ姿」と書きました。が、自分の横顔と後ろ姿って、見たことありますか？　これが結構、衝撃だったりするんです。**友だちでも家族でもいいので、横と後ろ、あとは頭頂部を撮ってもらうといいでしょう。**もちろん、自撮りでも。座っているとき、後ろに人が立つと、見えるのは頭頂部なので。

おそらく、多くの人はセルフイメージと違ってぎょっとします。でも、**その写真の残像を網膜に焼きつけてスタイリングすると、360度キレイな髪型を作りやすくなりますよ。**

196

今さら聞けない？　髪にまつわるパーツの名前

ヘアアレンジ本や動画などで使われている各パーツの名前、ぱっと聞いてもわからない人は多いのでは？　あらためて確認しておきましょう。

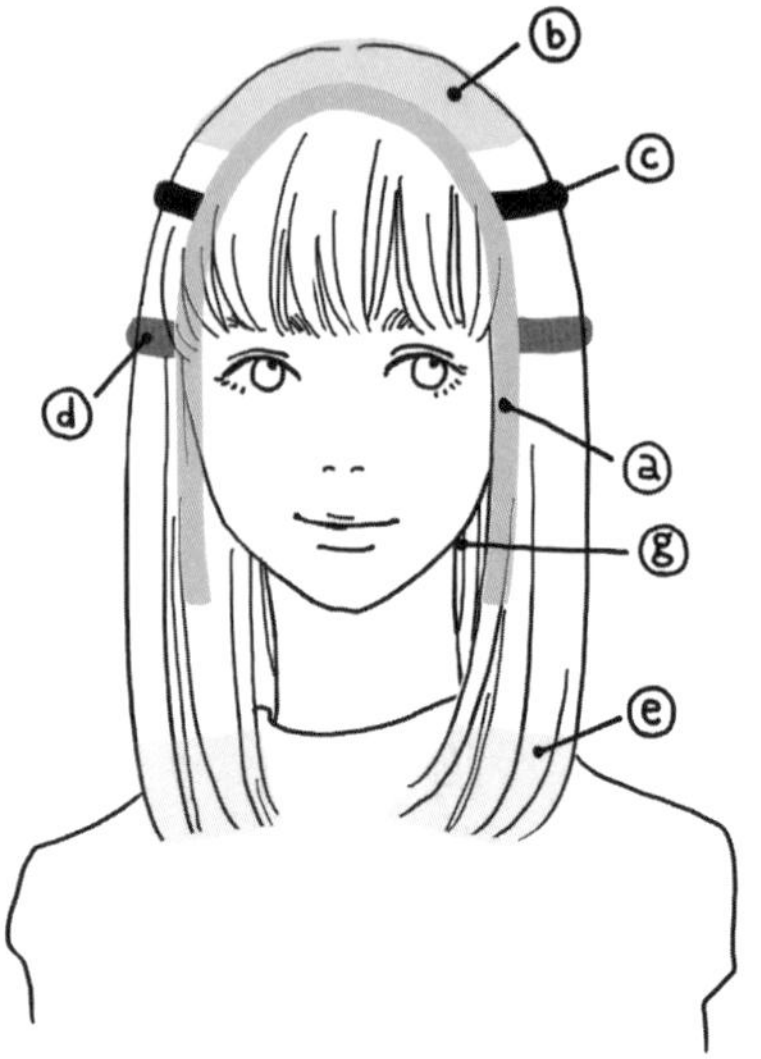

ⓐ 顔まわり
顔の輪郭にそう髪のこと

ⓑ トップ　(頭頂部)
顔の一番上の部分。ボリューム調整をすることが多い

ⓒ ハチ
頭の上の出っぱっている部分

ⓓ 耳上
耳の上の部分。後れ毛を出すことが多い

ⓔ 毛先
髪の毛の先の部分。巻いたりしてニュアンスを出すことが多い

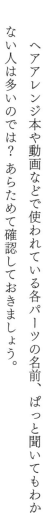

197 アイロンの練習は夜にする

生まれて初めてコンタクトやつけまつ毛をつけたときのように、ヘアアイロンには練習が必要です。**朝、初めてトライして失敗したらお出かけできないので、休日か夜に練習しましょう。**

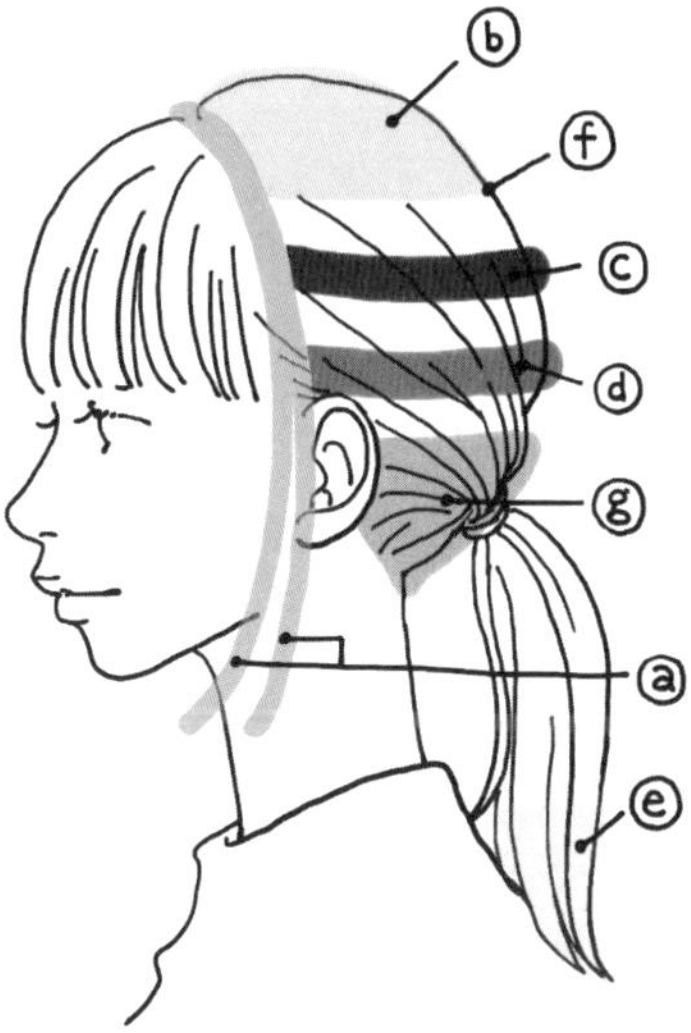

ⓕ ゴールデンポイント
あごと耳上をつないだ延長線上と頭のセンターラインが交わる部分
ⓖ えり足
首の後ろの、うなじあたりの生え際のこと

198 スタイリング剤の練習も夜にする

同じように、スタイリング剤のつけかたも、夜に練習します。失敗したら、すぐに洗えばいいから気が楽ですね。

199 アイロンはすっと通せば傷まない

熱を与えると髪が傷むイメージがあるかもしれません。とくに、ヘアアイロンはダメージの原因と思っている人は多いようです。

髪のたんぱく質が変性するのは、同じ部分を3秒以上高温で熱したときと言われています。なので、アイロンをさーっと通す分には問題ありません。

アイロンの設定は140度から160度、どんなに長くても5秒以上同じ場所にアイロンをあて続けないようにしましょう。

200 小顔とはつまり、小頭のこと

メイクで小顔に見せるテクニックは氾濫《はんらん》しているのに、スタイリングで小頭に見えるテクニックはあまり知られていません。

でも結局、**頭が小さく見えれば、顔だって小さく見えます。小顔≒小頭といっていいでしょう。**

実際に頭のサイズダウンをすることはできませんが、髪の動かしかたひとつで小頭に見せるテクニックはあります。

①ひし型を作りメリハリを出す（162ページ184参照）

②上から巻かない（177ページ201参照）

201 耳より上は巻かない

アイロンで巻き髪スタイルを作るときは、**耳より上は巻かないのが鉄則。**理由は、

頭が大きく見えるから。

耳上はタイトにストレートにして、耳下やすそだけを巻くのがバランスよく見えるコツですよ。

202 先にアイロンで巻いておく

ヘアアレンジをするときは、先にアイロンで全体をざくざく巻いておくのがコツです。直毛より髪がひっかかってまとまりやすくなるのと、髪に凸凹ができるので抜け感が出ますよ。

203 貧乏パーマでもいい感じにまとまる

アレンジの前に髪を巻くのが面倒であれば、前日に三つ編みをしてクセをつけておく、通称「貧乏パーマ」でも

OK。もしくはお団子にして寝る「仕込みお団子」でもよい。髪がいい感じにうねれば、それでよし。

204 軍手でおでこと首を守る

初めてアイロンを使うときは、アイロンを握らないほうの手に軍手をはめましょう。やけど防止です。指以外でとくにやけどしやすい場所は、おでこ、首元です。

205 初心者におすすめのストレートアイロン

毛先に軽くカールをつけたい。髪に熱を与えてツヤ感を出したい。この2つの用途なら、**カールアイロンよりもストレートアイロンのほうがやけどしにくく使いやすくておすすめ。**

とくに、ショートヘアやボブスタイルなど髪が短めの人は、ストレートアイロンのほうが使いやすいと思います。

206 束感で立体感をプラスする

固めのワックスやバームをしっかり指で伸ばして、毛束を少量ずつつまむようにすると束感が出ます。

束感スタイリングの用途は主にこんな感じ。

- **前髪や後れ毛の存在感を出す**
- **細く巻いた毛束を強調させる**
- **ベリーショートでツンツン感を出す**
- **表面に立体感を出す**

207 ふんわり空気感を出す方法

パーマ用のムースや、エアリーワックスなどを使って、空気感を出します。ワックスをしっかり手のひらまでのばして、根元からぐっと手を差し入れるようにして空気を含ませて。毛先は軽く握るようにすると、空気感が出やすくなります。

空気感スタイリングの用途は主にこんな感じ。

・パーマやクセ毛スタイルをふわふわに見せる
・ぺたんとしやすい髪を立ち上げる
・アンニュイなニュアンスを出す

208

毛束を引き出すとおしゃれになる

髪を結んでいるだけでおしゃれに見える人には「抜け感」があります。バレリーナのようにぴしーっとタイトに結ぶのではなく、**結んだあとに毛束を上に引き出してゆるめるのがコツ。**

結んだ部分を指でおさえながら、もう片方の指で毛束を上に引き出す。トップだけではなく、ゴムの近くの毛も引き出すと、バランスよくこなれた雰囲気に！

209 ゴムを隠すだけで洗練される

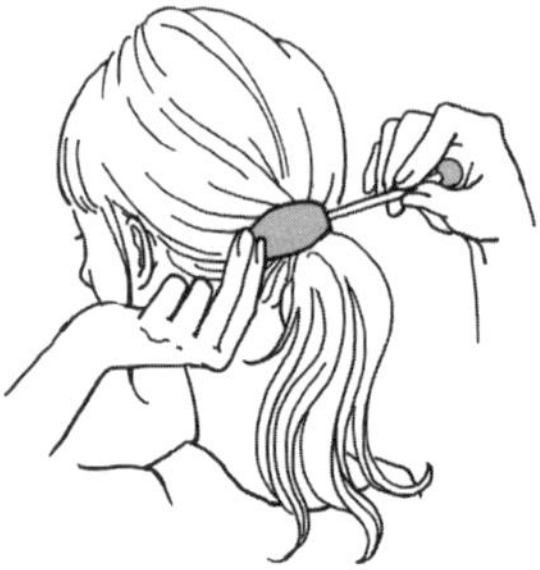

コンビニや100均で売っている黒いゴムで結んだだけの髪を、少しおしゃれに見せるには。

・ゴムに毛束をくるくる巻きつけて隠してピンでとめる

・ゴムの上からバレッタ・シュシュ・クリップ・かんざしなどのヘアアクセをつける

210 結ぶ位置で印象を操る

同じひとつ結びでも、高い位置で結べば若々しい印象。低い位置で結べば、落ち着いた印象になります。

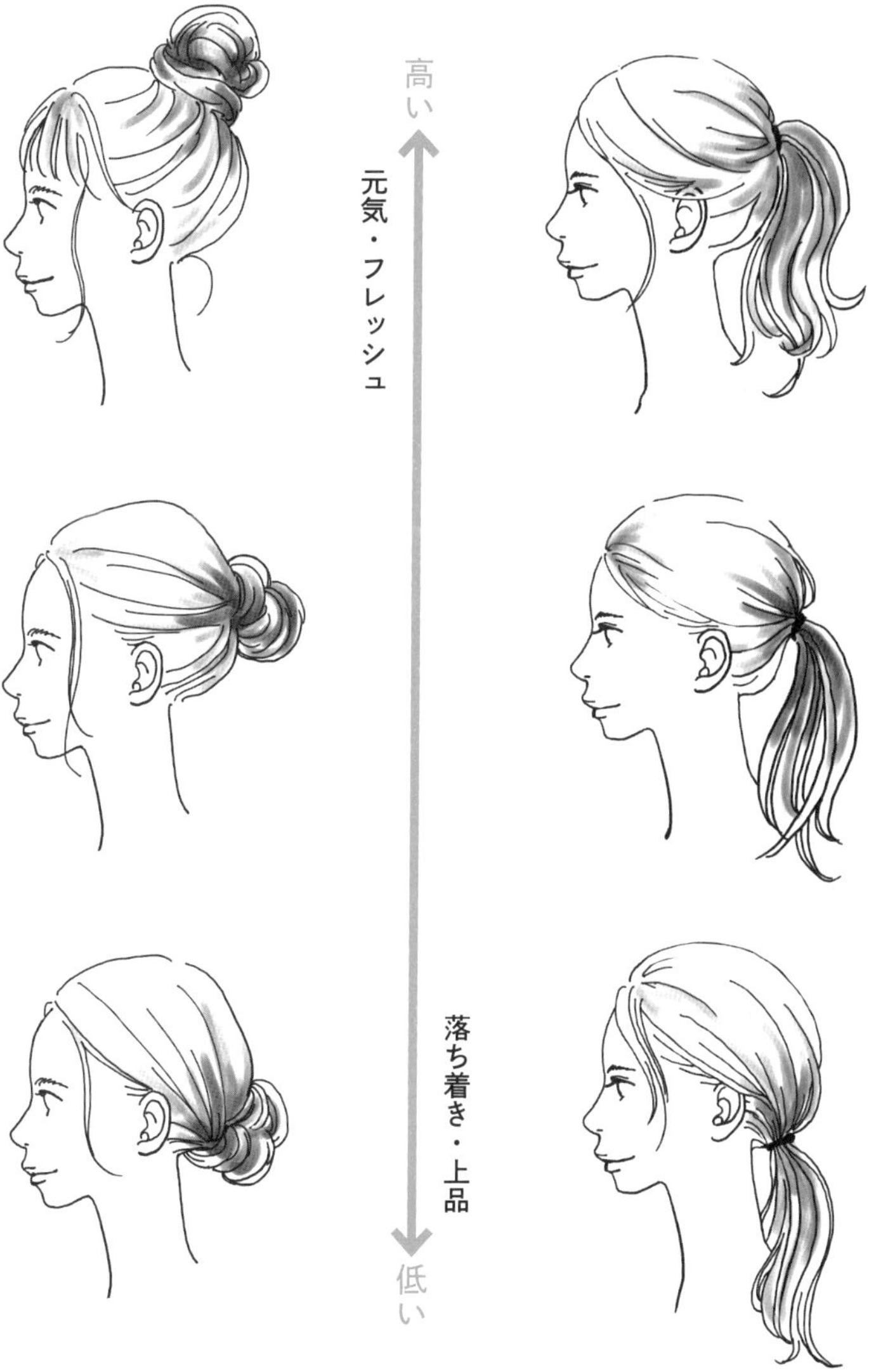
高い
元気・フレッシュ
落ち着き・上品
低い

211

くるりんぱなら不器用でもできる

「くるりんぱ」をご存知でしょうか。最初に命名した人、すごいと思う。

くるりんぱは、その名の通り、**結んだ毛束の真ん中に、毛先をくるっと入れて、ぱっと引き出す、超絶簡単アレンジ**。

ハーフアップなども、この方法を使えば、ピンも不要だし崩れにくいし、いいことずくめです。

212

すぐほどけてしまうなら

髪に〝ひっかかり〟がないと、結んだりまとめたりしても、ほどけてきやすいものです。直毛の人は、178ページ202のように、アイロンやカーラーで巻いておくか、ワックスなどのスタイリング剤をつけておくのがいいでしょう。

213

隠しピンは、縦にさす

アレンジするのでも、髪をまとめるために隠しピンをするのでも、ピンは毛束に向かって縦（平行）にさすのがポイント。落ちてこないし目立たない。

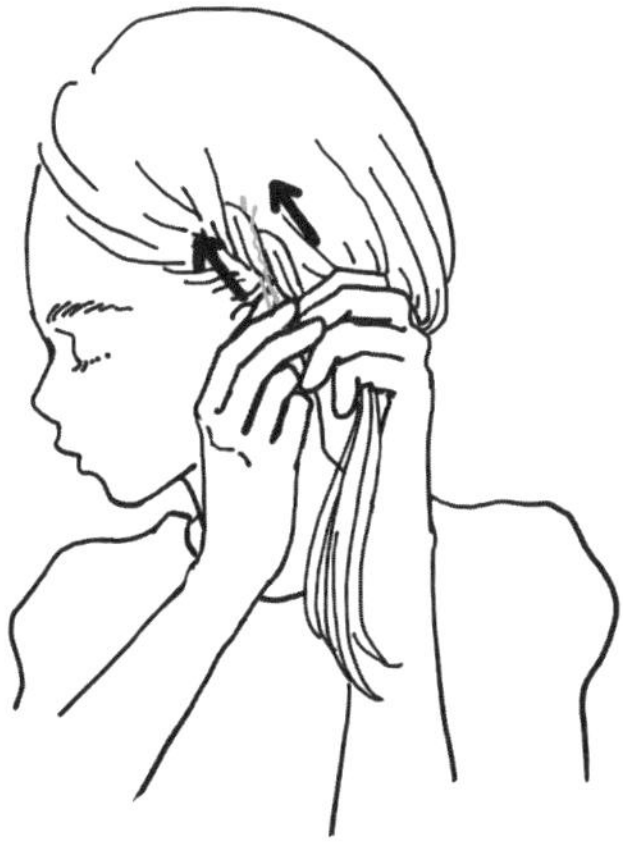

214 色つきピンは重ねづけがかわいい

先ほど、アレンジをするための隠しピンは縦にさすと書きましたが、逆に「見せピン（わざと見せるピン）」は、毛束に対して垂直にさすと目立ってかわいくなります。ゴールドやシルバー、色つきのピンなどは、1本だけではなく、重ねづけするとおしゃれな印象に。

215 アレンジを格上げしてくれるのはクリップ

アレンジをするときに便利なのがヘアクリップ。髪の長さや用途によって使い分けてみて。

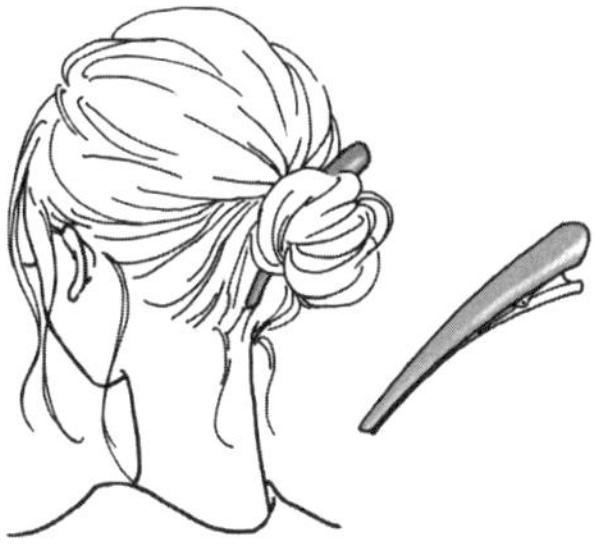

くちばしクリップ
まとめ髪に便利

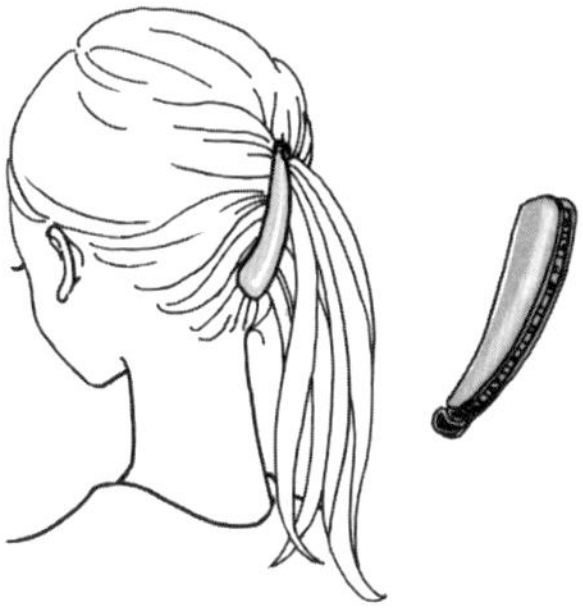

バナナクリップ
ロングヘアや量の多い髪もまとめるのに使えるのだけど、髪が縦につぶれた感じになるので、巻いたり毛束を引き出したりのバランスを出すのが必須

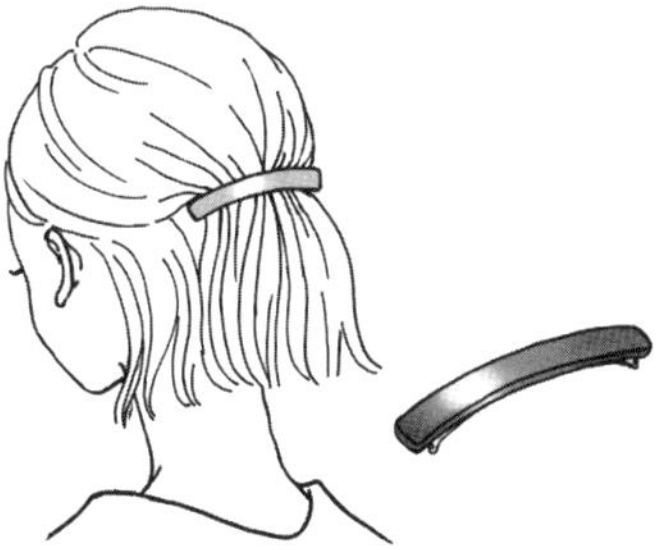

番外編　バレッタ
これは、本体だけで髪をとめようとせず、小さいワニクリップ同様、ゴムやピンを隠す用途で使うと使いやすい

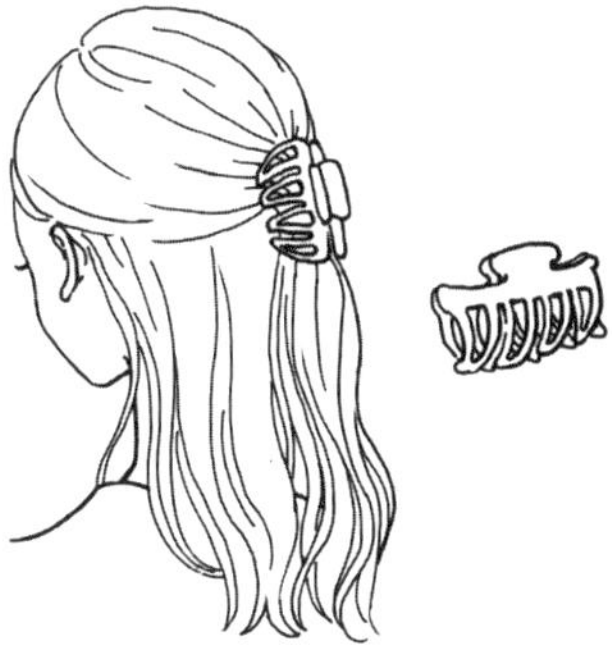

ワニクリップ
これひとつで髪をまとめるのもアリだけど、小さいワニクリップは、ゴムで結んだあとのゴム隠しに表面の毛だけとめる用

216

よく使うヘアアクセは色違いで持っておく

ヘアアクセは意外と目立つので、ネックレスやイヤリングなどと色をそろえると、ちぐはぐな印象になりません。

くちばしクリップやワニクリップなど、普段自分がよく使うタイプのヘアアクセがある人は、**ひとつはゴールド系、ひとつはシルバー系というように、2つの色タイプを持っておくと便利。**手持ちの服やアクセサリーと合わせやすいですよ。

217

飾りゴムは、おさえて結ぶ

飾りがついているゴムは、飾り部分を指でおさえて、そこが上にくるようにします。

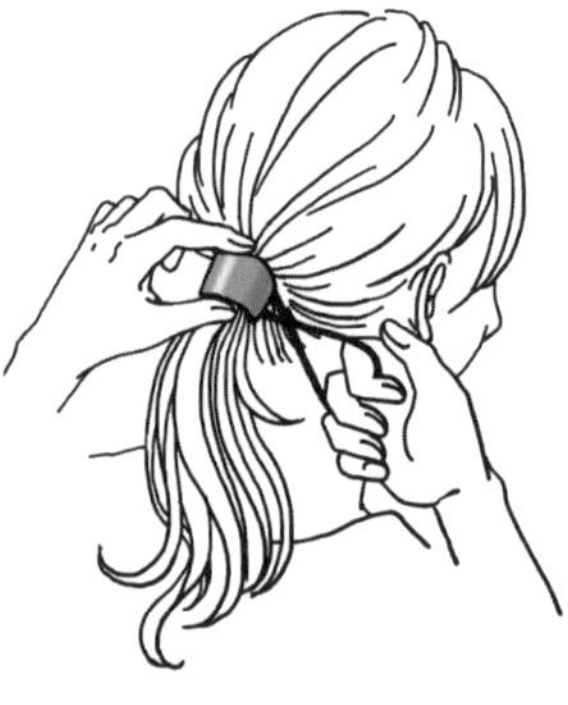

218 出していい後れ毛は4つだけ

よく「後れ毛を残す」などと言いますが、残す後れ毛の位置によっても印象は変わりますし、出していい場所、変な場所があります。

出していいのは、下の4ヶ所。

30ページの15でも書いた通り、後れ毛を疲れ毛に見せない秘訣は、ワックスなどをつけて「あえて出しているんですよ」感を醸し出すこと。

①前髪の横
②耳の前
③耳の後ろ
④えり足

雨だから。暑いから。女だから。毎日調子がいいとは限らない。でも、少しでもご機嫌度数をあげるためにできること、知っておきましょ。

Chapter 8

あの日もこの日も快適に過ごしたい

219 アホ毛退治はコームを使って

いわゆるアホ毛が出る場合は、コームの柄の部分にキープスプレーをふきかけて、それで表面の髪をなぞってあげると整いますよ。産後脱毛も、この方法で乗り切りましょう。会社員の人なら、会社にコームとスプレーを常備してもいいかも。最近は、アホ毛退治用のマスカラも出ています。

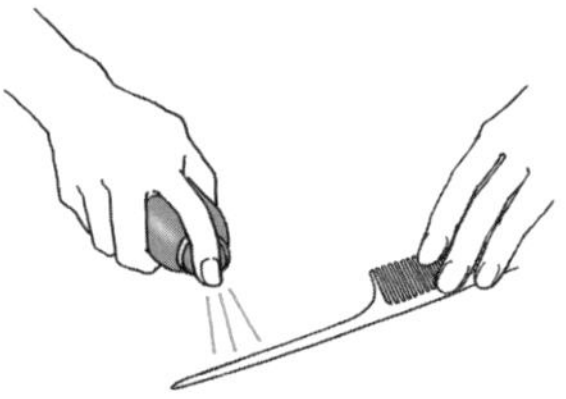

220 帽子か日傘で頭皮を守る

紫外線が強い時期は、頭皮用の日焼け止めスプレーをしたり、帽子か日傘を使いましょう。このひと手間で、秋の抜け毛の量が変わるはず。

紫外線をブロックしやすい順は、日焼け止めスプレー＜帽子＜日傘。
日傘は頭皮だけではなく、毛穴の乾燥からも守ってくれます。

221 帽子がムレるなら

とはいっても、夏の暑い日に帽子をかぶると汗だくになっちゃいますよね。そういう人は、**帽子と頭皮の間に薄いハンカチやタオルを1枚かませてみてください。**それだけでもだいぶ、ムレが気にならなくなるし、帽子への汗じみも防げます。

222 秋は抜け毛の季節です

秋は、一年で一番髪が抜けます。夏の紫外線や乾燥のダメージで、頭皮が弱っているからです。なので、秋の抜け毛はそれほど心配しなくて大丈夫。

223 私の抜け毛

とはいえ、私の抜け毛は多いほうか少ないほうかって、わかりにくいですよね。

余談ですが、中学生のときに読んだ小説に、「スリを生業《なりわい》にしている主人公が、盗みに入る日の朝から30分間ブラッシングをする」というシーンがありました。現場に髪の毛を落とさないようにするためなんだって。ああ、髪ってそんなに抜けるのかと思った記憶があります。

一般的に、髪は1日に50～80本程度抜けるそうです。なので、そのあたりまでは全然セーフ。２００本、３００本も抜けるようなら、皮膚科に相談してください。

224 気になるにおいはドライヤーで撃退

頭皮が汗でにおうと感じることがあると思いますが、実は、頭皮の汗腺はワキの下の汗腺と種類が違って、基本的には強くにおうタイプの汗は出ないと言われています。

頭皮のにおいの多くは雑菌由来。寝る前にしっかり乾かすことを意識して。

225 顔まわりのクセはケア必須

顔まわりのクセ毛って、めちゃくちゃ気になります。なんか、ほかの部分のクセと違って、生活に疲れた感が半端なく出るんですよね。

このクセ毛の退治法ですが、朝起きて髪が乾いた状態で、うねっている毛束を根元からピンと伸ばし、その根元にドライヤーの熱を与えます。10秒ほどたったら、次にその部分に冷風を10秒与えます。これだけで、ストレートアイロンで伸ばしたかのように、クセがとれるんです。

もっと頑固なクセの場合、一度根元を濡らして（根元だけでOKです）、根元から指を通して引っぱりながら乾かすと、クセがとれます。

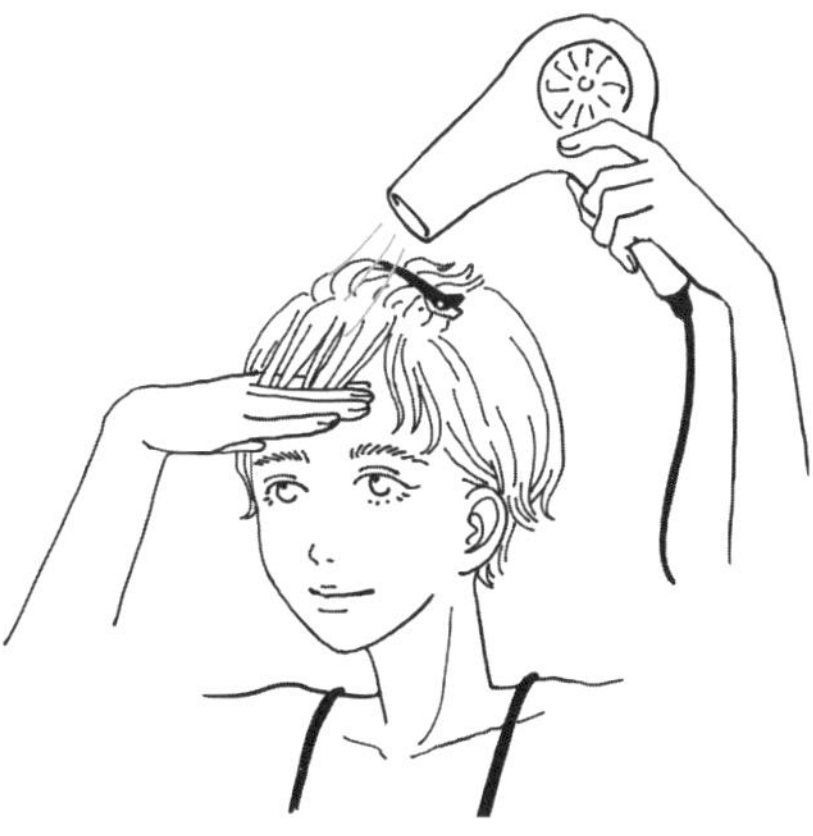

226

生理中のヘアカラー問題

生理中はホルモンバランスの関係で皮膚が荒れやすかったり敏感になっていたりします。ですので、皮膚が弱い人、生理で肌がかぶれやすい人は、避けられるのであれば、生理中のヘアカラーは避けたほうがいいでしょう。

227

妊娠中のカラーやパーマ

妊娠中でも、カラーやパーマをしてくれる美容院はあります。経皮毒（皮膚から有害なものが吸収されること）という意味では、基本的に心配ないと思います。

ただし、妊娠初期はホルモンバランスが変わっているので、頭皮が刺激を受けやすい状態になっています。いつもよりも、かぶれやすかったり、かゆみが出やすかったりすることは知っておきましょう。

妊娠中にカラーやパーマをするときは、

①頭皮になるべく薬液がつかないようにしてもらう
②皮膚に優しい薬液を使ってもらう

などをお願いするといいと思います。

どの美容院でも、妊婦さんのカラー&パーマをウェルカムという感じではないので、施術前に一筆サインをしたり、トラブルが出たときは自己責任になることも知っておいて。

228 ナイトキャップと枕でツヤ髪キープ

寝ているときの摩擦は、髪の大敵。シルクやサテンでできたナイトキャップや枕カバーを使うと、髪が傷みにくいです。毎日のことだからバカにできません。

黒髪のロングストレートが印象的なPerfumeのかしゆかさんは、あの美髪を保つために毎晩お団子にして寝ているのだとか。

229 ほのかに身にまとう髪の香水

最近、髪専用のフレグランスが増えています。香水ほど強く香らないので、普段づかいにも。

230 雨の日はオイルで蓋をする

女の実力は雨の日に出ます。湿度の高い日は、髪が広がったり、クセがひどくなったり、アホ毛が大量発生したりするものです。

なぜ雨の日に髪が広がったりクセでうねったりするかというと、髪に水分が出入りするから。水が出入りすると、せっかくブローした髪の水素結合が切れて元の状態に戻ってしまうのです。

こんな日は、**髪の水分の出入りを減らしてあげること**。具体的には、油分の多いオイルやワックスをしっかりつけて、水分をはじいてあげるのがいいのです。

油分の多さは、オイル＞クリーム＞ミルク＞ミストです（ワックスは処方によります）。

231 クセ毛の原因は乾燥かも

自分はクセ毛だと思っている人も、実は、クセ毛ではなく乾燥で髪がうねっているケースがあります。

こういう場合は、**ストレートパーマをかけるより、トリートメントで保湿したほうがなめらかになる場合も。**美容師さんと相談してみて。

232 髪も衣替えするとおしゃれ

洋服を衣替えする時期には、**服に合わせて、髪型も衣替えならぬ「毛替え」をするとおしゃれに見えます。**

冬服から春服になるタイミングには、

①髪色を1〜2トーン明るくする

春になると、服の色合いも淡く明るくなります。ピンクがサーモンピンクに。カーキがエメラルドグリーンに。マスタードイエローがレモン色に。なので、髪色も冬より1〜2トーン明るくするのがおすすめです。

②レイヤーを高くする

レイヤー（段）を高くするということは、毛先が動きやすくなるということ。

春は服の素材も薄く軽くなるので、毛先が軽やかに動くヘアスタイルだと相性がよいです。

レイヤーが低い

レイヤーが高い

夏服から秋服になるタイミングには、春とは逆で、髪色をちょっと落ち着かせたり、毛先の軽さをカットして厚みを持たせたりすると、秋冬服に似合う髪型になります。

233 武装するという選択肢もある

パワハラされたり、痴漢されたりする。これは絶対的に100％加害者が悪い。「被害者がスカートを履いていたから悪いんだ」なんて言い訳は、絶対許してはいけないと私は思っています。

それを大前提で読んでほしいのですが、髪型を変えたらパワハラや痴漢にあわなくなったという話は、よく聞きます。どんな髪型に変えたのかというと、**「大人しそうな女の子」的な髪型から、「強めの女」的な髪型に変えたというのです。たとえば、前下がりのボブ。たとえば、明るい髪色。たとえば、ベリーショートなど。**

もちろん、加害者のために、被害者が変わらなきゃいけないなんてバカげた話です。だから自分が嫌な髪にする必要はないと思います。ただ、もし思いっきりイメチェンしたいとか、そういうタイミングだったとしたら、髪で武装するのもアリかもしれません。

234

マフラーのときは、髪、後ろ

ロングヘアの人が悩むのが、マフラー問題。中に入れ込むのもアリですが、外に出す場合は横に流すと広がって見えます。後ろに流しましょう。

235

食事デートでは髪をまとめる姿を見せる

髪の長い人は、食事のときに髪をまとめたりすることがありますよね。これ、手早くできるように、普段から練習しておきましょう。

とくにデートのときに、髪が長い人がささっとまとめている姿に（というか、それで出るうなじに）ドキッとしている男性は多いらしい、です。

236

婚活中のヘアは二択

婚活中の人にヘアアドバイスをする機会も多いのですが、二択です。

①ひとまず万人受け。間口は1センチでも広いほうがいい人

奇をてらわずに最大公約数好感度の「ストレート×斜め前髪×内巻きヘア」に。

②つきあいはじめてからの「思ったのと違った」を避けたい人

最初から自分らしさを全面に押し出したヘアに。この場合、ベリーショートや金髪、華やかなパーマヘアなどもあり。

おろした髪は清楚な印象

片側にまとめると、首元がのぞいてちょっと色っぽい

最後にささっとひとつまとめにすると、うなじが全開になってセクシー

①のほうが出会える男性は増えるし、②のほうがその後のミスマッチが防げるということで、どちらがいいとも言い切れないんですよね。

237

ショート好きメンズの話

ところで、これは過去の取材を通しての実感ですけれど、男性でロングヘアが好きな人は、割合としては多いです。

でも、ロング好きの男性は「まあ、ロングが好きかな、どちらかというと」くらいのテンションなのに対して、ショートヘアが好きな男性は「ショートの女性がすごくすごく好き」「好きになった人は全員ショート」という熱烈推しが多い印象。

こういうショート好きメンズが相手の場合、ショートにした瞬間、告白されたみたいな話もよく聞きます。

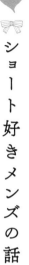

238 前髪をうまく流すには

113ページ[117]で書いたように、髪には短いほうから長いほうに流れる性質があります。なので、美容院で流したい方向を伝えて切ってもらいましょう。

そして、156ページ[176]で書いたように、髪の方向は根元が決めます。前髪の毛先ではなく根元にアプローチして。

239 ダブルバングは2度おいしい

ダブルバングというのは、短い前髪の上に、長い前髪をかぶせることができる前髪のこと。スタイリング次第でイメージも気分も変わるスタイルです。

短い前髪を強調

分け目を変えて短い前髪
部分を隠す

240

前髪セルフカットを失敗しないコツ

ある調査によると、過去に前髪を自分で切ったことがある女性は97％。そのうち、失敗したことがある人の人数は81％だそうです。

前髪のカットは繊細だし、一番目に入るところなので、無理は禁物。とはいえ、どうしても自分で切らなきゃいけないときもありますよね。

そういうときのポイントは2つ。

①今の前髪の幅以上は広くしない

②前髪の横の毛は、アンタッチャブル

あと、文房具のハサミで切るのはやめてね。ゼッタイ。

前髪は分け目の下で束ね、分け目と反対方向にねじって切ると失敗しにくい

241 産後脱毛問題

産後脱毛の時期は、頭皮に負担をかけないように気をつけましょう。具体的には、髪がググっと引っぱられる状態が続くひとつ結びなどは避けて。髪を結ぶなら、ゆるめに。

242 ところで産後脱毛とは

妊娠中は、エストロゲンなどの女性ホルモンが大量に分泌されています。よって妊娠中は、髪が抜けにくい状態なんですよね。

産後脱毛とは、**妊娠期間である約10ヶ月分の「本来抜けているはずの髪」が一気に抜ける現象なんです。**ですから、あまり心配しすぎずに。

243 産後シャンプー問題

産後は髪質が変わります。これまで使っていたシャンプーが合わなくなることも。美容師さんに相談してみて。

244 髪のために避けたい習慣

・ストレスをためること
・かたよった食生活
・睡眠不足
・肩こり
・摩擦
・紫外線
・乾燥（エアコンなどの乾燥も含む）

・運動不足
・体の冷え

髪のためというか、体のために避けたいことと同じですよね。髪は体の一部ですし、頭皮も肌です。

体や肌をいたわるように、髪のことも大事にしてあげて。ちょっとだけいたわってあげるだけでも、髪って、ちゃんとこたえてくれるんです。

Chapter 9

髪だって年齢を重ねるのです

245

年齢を重ねるほど髪∨顔

これは20年越しの同窓会などに参加した経験がある人にはわかってもらえると思うのですが、同窓会あるあるのひとつとして、昔輝いていたクラスのアイドル女子の没落を目撃することがあります。逆に、昔目立たなかった女の子の躍進ぶりに目を見張ることもあります。

この原因は、たいてい、髪にあります。年齢が上がるほど、「女性のキレイ」は「髪のキレイ」と比例しやすくなる。髪がキレイな人は、幸せそうに見えるのです。手入れが行き届いている＝満たされている感じがするからかもしれません。

ということは、大人の女性ほど、髪で下克上しやすい（されやすい）というわけ。

これを生かさない手はないと思うのです。

246

大人女性の3大悩み

年齢を重ねるほど多くなる髪の悩みは

①白髪
②薄毛（ボリュームがなくなる）
③パサつき（ツヤがなくなる）

の3つ。
つまり、この3つがケアできれば、髪年齢はぐっと若くなり、本人も若々しく見えるというわけ。

247

白髪のメカニズムは解明されていない

実は髪の毛は、もともとすべて白髪です。けれども、その白髪が成長する段階で、メラニン色素によって着色され、黒髪になって生えてくるのです。

白髪が増えるのは、メラニン色素を作るメラノサイトの働きが低下したり、毛母細胞《もうぼさいぼう》（髪の毛を作り出す細胞）に色素が渡されなくなったりするからと言われています。残念ながら白髪の発生メカニズムの全貌はいまだに解明されていないので、白髪悩みを軽くするためにできることや、上手なつきあいかたをいくつかご紹介しますね。

248 私の白髪染め大失敗

過去に私がした失敗をお話しします。

仕事でしょっちゅうお会いしていた美容師さんに初めてカラーリングをしてもらったとき、世間話のように「最近ちょっと白髪が増えてきたんですよねー」と伝えたことがありました。

当時私は30代で、目に見える範囲に3～4本白髪を見つけた程度だったのですが、美容師さんは「じゃあ、白髪が目立たないようにしますね」と、カラーリングを勧めてくれました。私も、その美容師さんとは長いおつきあいだったので、それ以上何も言わず施術してもらいました。

ところが仕上がりを見た私は、びっくり。それまでずっと明るいブラウンの髪色で過ごしていたのですが、そのときは就職活動中の学生くらいの黒髪になってしまったのです。

「白髪が増えてきたみたいで〜」という私の世間話を、美容師さんは「白髪に深刻に悩んでいる」ととらえて、しっかり隠してあげなくては！　と思ってくださったんでしょうね。完全に私がコミュニケーションをサボっておりました。

75ページ 63 でも書いたように、白髪には「隠す」と「ぼかす」があります。自分がイメージしているのはどちらなのか。私の場合は、「黒髪にしたいわけじゃない」と伝えておけば、こういった失敗はなかったなーと痛感しました。

249 明るくする場合の注意点

髪を明るくして白髪をぼかしたい場合、ひとつ注意点があります。

まだ白髪の量が少ない人の場合、地毛よりもかなり明るい色にして白髪をぼかそうとすると、今度は真っ黒な地毛が生えてきたときに境目が気になります。

白髪の量が少ない人の場合は、ハイライトを多めにとって、ベースの色は今と同じくらいをキープしたほうが、目立ちにくかったりします。美容師さんに相談を。

250 白髪染めで凹まない

白髪染め（グレイカラー）とおしゃれ染め（ファッションカラー）の違いは、ブラウンの色素が多いかどうかだけ。だから「白髪染めにしましょう」と言われたからといって、これまでとまったく違うカラー剤にされるわけではないのです。そんなに落ち込まないで。

私は、40歳くらいの頃、一気に白髪が増えたことがあって

「そろそろ私も白髪染めを使ったほうがいいかなあ？」

と、美容師さんに相談したら

「あ、実は、前々回くらいから使っています」

と、言われたことがあります。それくらい、わからないものなんですよ（笑）。

251

続・白髪染めで凹まない

そして、これは私の白髪の後日談。

そんなふうに40歳の頃には白髪染めを使っていた私ですが、今は同じ美容師さんにおしゃれ染めでカラーリングしてもらっています。というのも、いつのまにか白髪が全然なくなったからなのです。

美容師さんいわく、一度増えた白髪がなくなるお客さまはほとんどいないそうなのですが、唯一、「ストレス由来で生えた白髪は、ストレスがなくなると白髪もなくなる」ことがあるのだとか。

たしかに、ワタクシ、身に覚えがありました。

ストレス、あなどれない！

252 白髪の救世主？

先ほど、一度白髪になった髪は、（基本的には）二度と黒髪にならないと書きましたが、最近、髪の着色工場ともいえるメラノサイトに働きかける育毛剤が発売になり、話題を呼んでいます。近い将来、**白髪を染めなくてもよい時代が来るかもしれないですね。**

253 3つのカラー剤

カラー剤には、3つの種類があります。

①ヘアカラー
②ヘアマニキュア・酸性カラー・カラートリートメント
③ヘアマスカラ・カラースプレー

違いは、髪の毛のどの部分まで染料が浸透するか。目的によって使い分けましょう。

①ヘアカラー

キューティクルを開いて、髪の内部まで色素を浸透させる方法です。

・白髪の多い人
・しっかり染めたい人
・明るく染めたい人

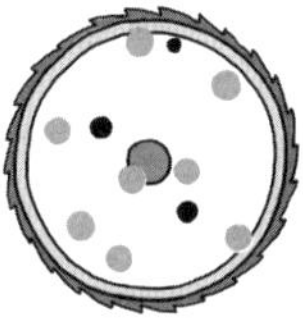

②ヘアマニキュア・酸性カラー・カラートリートメント

ヘアマニキュアは、表面＋やや内側まで色素を浸透させる方法。色持ちは2〜4週間ほどです。酸性カラーと呼ばれるカラー剤も、ヘアマニキュアと似たしくみです。カラートリートメントは、使用を続けることで徐々に髪の内側まで色素が浸透します。

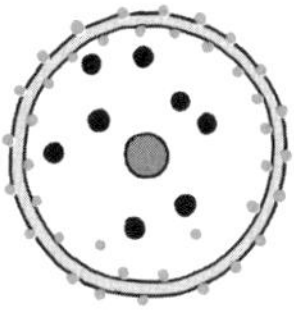

・髪や頭皮のダメージが気になる人

・白髪が少ない人
・こまめに染めることが苦ではない人

③ヘアマスカラ・カラースプレー

一時的に髪の表面に色をつける。シャンプーで落ちる。

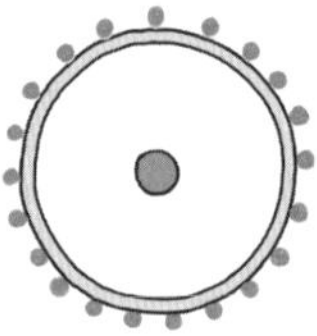

・少量・部分的な白髪を隠したい
・1日だけ目立つ部分を隠したい

254

白髪は抜くと増える？

増えません。

ただ、白髪を抜くと毛根がダメージを受け、それ以上その毛根から毛が生えてこなくなったり、生えてくる本数が減ったりするので、抜くのはやめましょう。

255 生えてきた白髪の取り扱い

では、生えてきた白髪はどうすればいいかというと、できれば**根元付近からハサミでカットして。**眉用のハサミなどを使うと切りやすいですよ。

256 生え際の白髪は前髪を作れば解決

前髪を作ると生え際が見えなくなるので、白髪が目立ちにくくなります。

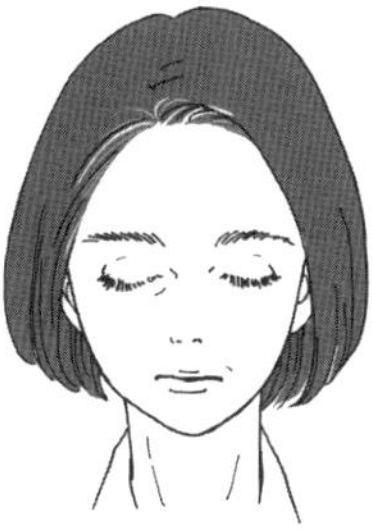
前髪がないと、生え際の白髪が目立つ

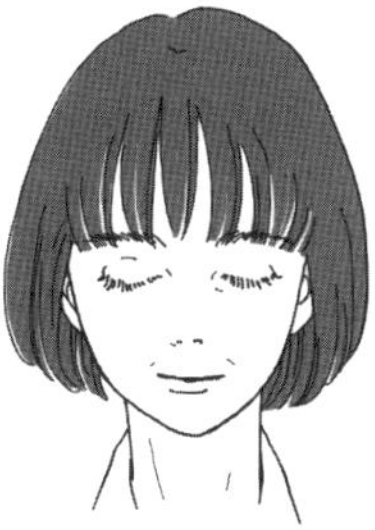
前髪を作ると、生え際が見えなくなるので、白髪が伸びても目立ちにくい

257 何歳から白髪が生えるの？

もちろん個人差があるのですが、アンケート調査において「白髪が非常に多い・多い・やや多い」という回答をした女性は、

・30〜34才で11％　・35〜40才で16％
・40〜44才で27％　・45〜50才で36％
・50〜54才で50％　・55〜60才で62％

となっています。

（2014年花王調べ　https://www.kao.co.jp/blaune/point/01/）

258 伸びかけ白髪の乗り切りかた

白髪が目立つのは、とくに分け目と顔まわり。

分け目に関しては、158ページ 179 でお伝えしたように、分け目ぼかしと分け目

変更トレーニングをしてみてください。とくに分け目ぼかしは、「白髪が目立ってきたけどあと1週間美容院に行けない」というときに、役に立ちますよ。

顔まわりの白髪を目立たせないようにするためには、221ページ256のように前髪を作るほか、**髪を一度、前方向に乾かして根元を見せないようにしてからスタイリングするといいでしょう。**

259 お出かけ前にポイントケア

白髪が数本目立っているときにおすすめなのは、マスカラタイプの白髪隠し。お出かけ前にささっとピンポイントで塗れるのがいいですよ。

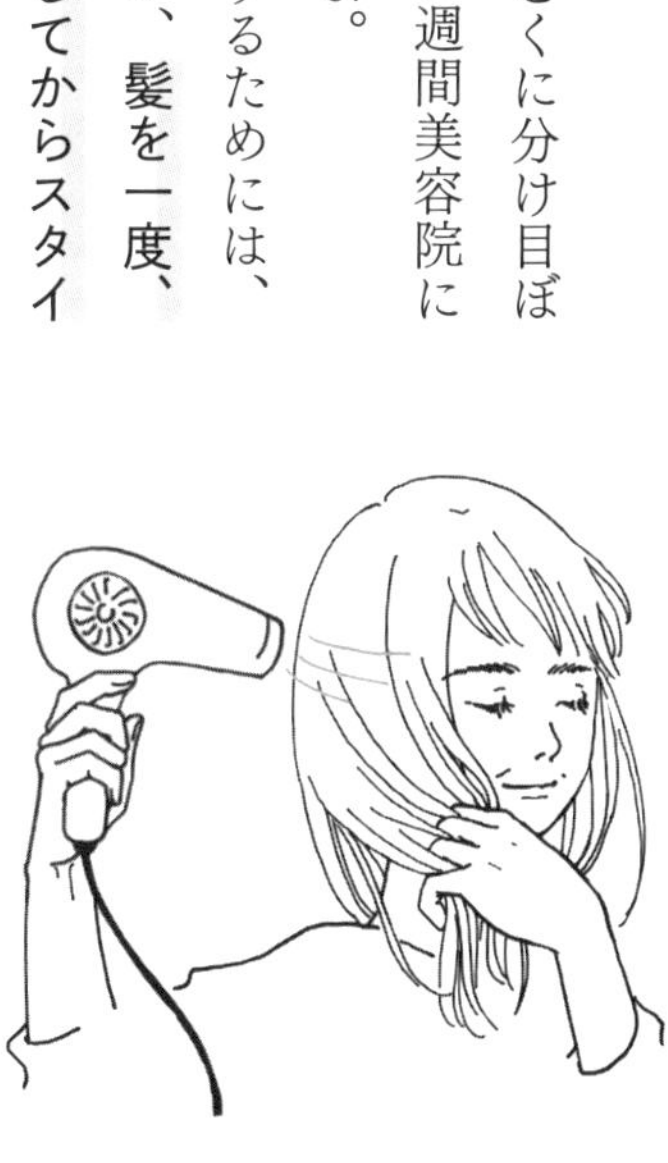

260 美容院でホームカラー剤を処方してもらう

42ページ 29 で書いたように、できる限り家で白髪染めをしないほうが髪に優しいのですが、お値段のことや、どうしても美容院に行けない人もいると思います。その場合、美容院で処方してもらえるホームカラー剤が最近開発されました。自分が染めている色を知っている美容師さんのおすすめであれば、「色が思ったのと違った」などの失敗を防ぐことができますよ。

261 根元だけの染めかた

42ページ 29 でも書いたように、家でカラーを塗るときは、なるべく、伸びてきた根元のリタッチだけにしましょう。その場合、**髪をねじって小分けにすると根元に塗りやすいです。**

根元だけ明るく染まってしまうと不自然なので、自分の髪色がどれくらいの明るさなのか、美容師さんに聞いておくといいですよ。

262 白髪もおしゃれ染めすると傷みにくい

と、書いておきながらなんなのですが、最近日本を代表するヘアカラースペシャリストの方に、耳よりなホームカラーの方法を聞きました。

それは**「ホームカラーをするときに、白髪染めではなく、おしゃれ染めのなるべく明るい色を使うこと」**だそうです。

市販の白髪染めは色素が強くダメージが出やすかったり髪に色が残りやすかったりして、美容院でお直しするのが至難のわざ。でも、おしゃれ染めはそこまで強い薬液ではなく色素も薄めなので、また美容院で染め直したいと思ったときに処置できる幅が広がるのだとか。

色は、ライトブラウンなどの明るめカラーを選べばOK。こういった明るめのカラーであれば、根元だけじゃなく毛先までつけても、それほど激しく傷まないそうです。

白髪が完全に黒くはなりませんが、自然なブラウンに染まるので、白髪部分がハイライトのように見えるのだとか。暗い色よりも染めムラが出ないのもいいところ。

ただし、最初から濃い色の白髪染めをしている人は、その色素が残っているので、明るいブラウンのカラーで染めると根元だけ明るくなってしまうこともあります。そういう場合は、自分の髪の明るさに近いおしゃれ染めを使うといいでしょう。

美容院に行けないときは、白髪染めではなく、おしゃれ染めを使うと覚えておいて。

263 白髪でもデザインカラーにしたい

先日、70代向けのファッション誌で、黒く染めない白髪染めの特集ページを担当しました。コンセプトは「せっかく白髪が増えたんだから、それを生かしておしゃれしたい！」。

グレイヘアでもなく、黒染めするのでもなく、白髪部分をわざと作ったハイライトのように使って、デザインカラーを楽しむ方法をご紹介しました。これは、とても反響が大きかったそうです。

前述のカラーリングで有名な美容師さんに「こういう白髪染めのデザインカラーが上手な美容院をどう探せばいいのか？」と質問したところ、意外な答えが。

たとえば、**ギャル系の美容院とか、韓流ヘアが得意な美容院など、若者向けに明るい派手めなカラーリングの提案をしているところは、白髪染めのデザインも上手なはずですよ**とのことなんです。

たしかに、カラーリングの色合わせは、化学の分野です。**ギャル向けにキレイなハイライトを入れていたり、ピンクや真っ青のカラーリングを入れることができる美容院は、それだけ薬剤に詳しいということ。**お子さんやお孫さんに、インスタグラムや美容サイトなどで美容院を探してもらって、一緒に通うのもよさそうですね。

264 グレイヘアの育てかた

白髪染めを卒業し、本来の自分の髪色で過ごそうという「グレイヘア」希望の人が増えています。ただし、この道のりは結構、長いです。

113ページ 118 でも書きましたが、白髪を育てる場合、染めていた毛がほとんどなくなるまでに、ショートカットの人で1年から1年半くらいかかるイメージです。

最初の半年くらいは、**色がまばらでずぼらなイメージになりやすいので、帽子やウィッグでカバーしたり、明るく染めたりすると乗り切りやすいです。**

265 グレイヘアが映える年齢

グレイヘアブームのせいもあって、最近は50代、60代から「そろそろグレイヘアについて考えたほうがいいですか？」と美容師さんにたずねる人が増えたのだとか。

でも、ある美容師さんいわく、**グレイヘアが映えるのは白髪率が6〜7割を超えてから**。だから多くの人にとって、グレイヘアについて考えるのは70代半ばを過ぎてからでも十分ではないかとのこと。

もちろんこれは個人差もありますし、ポリシーもある分野なので、一概には言えませんが、そんなに急いで年齢を進めようとしなくてもいいんですよ。

266 女性の薄毛マーケットは男性よりも大きい

実は薄毛ケアに関する市場は、10年くらい前から、男性よりも女性のほうが大きくなっているんですって。

あまり大きな声で相談できなかったけれど、育毛剤、養毛剤、ウィッグ、頭皮ケアシャンプー……などなど。薄毛対策商品も充実してきているので、もっと積極的に使っていきましょう。

女性向けの育毛サロンも少しずつ増えてきていますので、お悩みの方はチェックしてみて。

267 育毛剤は30代から使っていい

女性の美容師さんって、年齢を重ねてもキレイなロングヘアをキープしている人が多いですよね。

あるとき聞いてみたのですが、多くの人が、30代の頃から頭皮美容液や育毛剤を使ってきたと言います。**薄くなったり白髪が増えてから対応するのではなく、予防の意味合いで使うのがいいのだとか。**そうか、だからか。やっぱり美には理由があるんですね。

使いやすいのは、スプレータイプの育毛剤。なるべく頭皮に近づけてスプレーして、全体に10プッシュくらいするといいでしょう。

ただつけるだけではなく、マッサージすることも大事。血行がよくなるように、生え際や太いリンパの通っている耳後ろをマッサージするといいですよ。頭皮用マッサージブラシと組み合わせるとさらにGOOD。

268 ロングヘアの大人女性が増えている

ある美容メーカーの商品開発の方に聞いたのですが、20年前に比べて、40代以上のロングヘア人口は2倍以上に増えているそうです。これは、ヘアケア商品が優秀になって、年齢を重ねた髪でも伸ばしやすくなったのが理由だそう。

269 髪を伸ばせる人、伸ばせない人

以前、腰よりも長いロングヘアを長年キープしているアラフィフの女性美容師さんに話を聞いたことがあります。彼女いわく

「髪を伸ばすのに大事なのはヘアケアだと思われているのだけど、それだけじゃなくて『気のよさ』が大事なの」とのこと。

東洋医学では髪の毛のことを「血余《けつよ》」と呼び、体をめぐる血に余裕がないと、髪は育たないとも言われています。

その美容師さんは、血のめぐりだけではなく、気のめぐりも大事だと感じているそう。だから、気のめぐりが悪くなると髪がキレイに伸びないのだとか。

そう言われてみると、私の知り合いで40代、50代でもスーパーロングを美しく伸ばし続けている女性は、みんな明るくポジティブで、たしかに気のいい人たちばかりだなと思いました。

信じる信じないは別としてか、「髪が長く伸ばせる人＝気のいい人」説、すごく気

になります。

270 痩せたら切る

とはいえ、大人の女性は髪が痩せてきやすいのは事実。

毛先が薄くなってきたと感じたら、その細くなった部分を詰めるような感じで切ると、毛先までふくよかな印象になるので、若々しく見えます。

271 薄くなってきたら前髪を深く作る

髪にコシがなくなったり、薄毛が気になるようになったら、前髪を深い位置からとるといいでしょう。前髪にボリュームが出ると、一気に若々しい印象になります。

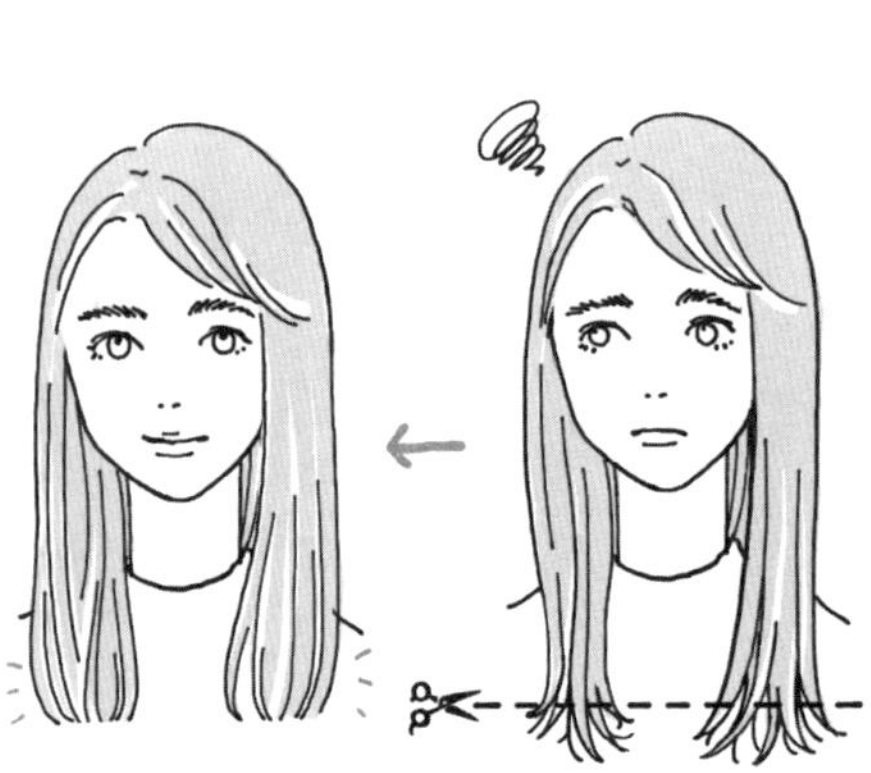

前髪が薄いと、寂しい印象

前髪を後ろからとって作ると、量が増えて若々しい印象に

272 ショートにすればボリュームが出る

ショートはトップや後頭部のボリュームが出しやすいです。なぜなら、毛が短い＝軽い＝重力に逆らいやすいから。ロングヘアだと髪の重さでトップがつぶれやすくなります。ボリュームがほしいなら、短くするのも手。

273 「もう若くないから」の勘違い

美容師さんがお客さまからよく聞く言葉に、

「もう若くないのに、前髪なんか作ったら若作りに見えませんか？」
「もう若くないから、そろそろショートにしたほうがいい？」
があるそうです。

みなさん、**自分で思う以上に「年齢にふさわしい髪型」の幻想にとらわれています。しかも、その「年齢にふさわしい髪型」って、昭和からアップデートされていなかったりするんですよね。**

たしかに、アイドルみたいなぱっつん前髪は、大人には似合いにくいかもしれないけれど（でも似合う人も結構います）、232ページ271でも書いたように、前髪があるほうが若々しく見えるケースも多いんです。

また、230ページ268でも書きましたが、近年ロングヘアをキープする女性は激増しています。「歳をとったらショートヘア」なんて、シャンプーやトリートメントが発達していなかった時代の話。

年齢にとらわれず、「なりたい自分のイメージ」を実現できる髪型を手に入れてください。

274

2つの髪密度

髪のボリュームが出なくなるのには、2タイプの理由があります。

①ひとつの毛穴から生える毛の本数が減っている
②生えてきた毛が細い・頼りない

どちらが原因でボリュームが出ないのかによって（もしくは両方が原因かも）、対処の仕方も変わります。

前者なら頭皮アプローチ一択。後者なら、頭皮アプローチに加えて、コシの出るタイプのヘアケア剤を使ってもいいでしょう。

275

根元を起こすと若々しくなる

髪の薄さや細さが気になってきたら、とにかく、根元を起こしましょう。具体的には、ドライヤーで根元を持ち上げるようにしながら乾かすこと。

276 しっとりシャンプーを使わない

髪のボリュームがほしい人は、「しっとりタイプ」のシャンプーではなく「ふんわりタイプ」のシャンプーを選んで。

保湿成分が多すぎると、まとまりは出るのですが、ボリュームダウンしがちです。

277 なにしろ頭皮です

ここまでいろんなヘアケア&スタイリング方法を紹介してきましたが、結局のところ、美髪を育てる本質は頭皮にあります。

ちょっと雑な言いかたになりますが、髪の毛は死んでいるけれど、頭皮は生きているからです。

32ページ 17 でも書いたように、髪の毛自体は死滅細胞。だから、毛先に何かをアプローチしても、それはファンデーションやコンシーラーを塗ってカバーするようなものなんですよね。

では、メイクでいう基礎化粧にあたるものは何かというと、頭皮ケアなんです。

・白髪になりにくい頭皮
・太く強い毛が生えやすい頭皮
・ツヤのある健康な髪が生えやすい頭皮

を、育てましょう。

278 血行をよくすれば元気な髪が生える

頭皮から元気な髪の毛が生えてくるためには、血行をよくすることがポイント。

一番てっとりばやいのは、頭皮マッサージ。シャンプーをするときに、**太いリンパが流れている耳後ろなどを中心にマッサージするといいでしょう。**育毛剤をつけたタイミングでマッサージするのもおすすめです。もちろん、美容室でヘッドスパをするのもいいですよ！

279

美髪を育てるのは首まわりの血流

・毎日肩までお湯につかりましょう
・首まわりのマッサージをしましょう

280

ゴールデンタイムの毛穴を整える

髪は睡眠中に生えてきます。健康な髪を生えやすくするためにも、毛穴の汚れはとりのぞいておきましょう。その意味でも、夜のシャンプーをおすすめします（128ページ 133 参照）。

281

育毛剤と発毛剤の違い

育毛剤は、髪を太く健康に育てるもの。

一方で発毛剤は、医薬品ミノキシジルを含む整髪料です。ミノキシジルはもともと高血圧の治療薬で、血管を拡張させる効果があるもの。第一類医薬品なので、クリニックなどで処方してもらうか、ドラッグストアで薬剤師がいる時間帯に購入します。

282

髪によい食事

213ページ247にも登場した、頭皮で髪の毛を作る細胞を、毛母細胞といいます。毛母細胞も細胞のひとつなので、抗酸化作用のある食品を取り込むことがよいと言われています。ビタミンCやβ・カロチンを多く含む食品をとるのがいいでしょう。

また、髪はたんぱく質でできているので、良質なたんぱく質をとるのも大事。大豆やひじきなどがおすすめ。

毎日洗い流すメイクや、毎日着替える服とは違って、髪はあなた自身で、あなたそのもの。だから自分の髪を好きになると、自分のことも好きになれるのです。

Chapter 10

髪を好きになると自分を好きになる

283 自分のために、髪型を選ぶということ

69ページ 60 で紹介したツイッターの漫画を描いた方と、テレビ番組で共演させていただく機会がありました。テーマは「髪型と心の関係」。

この番組を通して、ひとつ嬉しいことがありました。

実は、この番組の収録を進めていく間に、担当してくださった女性ディレクターの方が髪型を大きく変えられたのです。

最初に打ち合わせで顔合わせしたときは、ロングヘアで落ち着いた印象の髪型だったのですが、後日スタジオでお会いしたときは、肩までばっさり切った髪に明るいオレンジのインナーカラー(表面ではなく内側だけに入れるカラーリングのこと)が入っていました。肩の上で外ハネに巻かれたその髪型と髪色は、彼女の明るくチャーミングなキャラクターをより魅力的に見せていました。

生放送が終わったあと、そのディレクターさんからお手紙をもらいました。

「今回、私自身が、髪を切り、インナーカラーまで入れることができたのは、この取材のおかげです。これまでは『カラー入れると取材先に失礼かな……』とか、『カメラマンになんて言われるかな……』とかいろいろと考えてしまい踏み切れませんでした。でも取材を進めていく中で『いやいや、情報を発信する側の我々が躊躇していてどうする！』と一歩踏み出せた気がします」

とのこと。

誰のためでもなく、自分のために髪を選ぶこと。それは、自分に自信を持てることにもつながります。スタジオで、とても輝いていた彼女の笑顔を思い出して、幸せな気持ちになりました。

284 always be with you

髪の特徴は、24時間一緒というところ。

お風呂に入っているときも、眠るときも、裸のときも。いつもあなたと一緒にあるもの、なんですよね。

285 髪は顔の一部。いやむしろ、顔そのもの

顔（メイクやスキンケア）にはお金をかけられるけれど、髪にお金をかけるのはもったいないという声はよく聞きます。

でもよく考えてみると……。髪って、本当に顔と別モノでしょうか？

まつ毛や眉毛は、顔の一部ですよね。まつ毛も眉毛も顔から生えている毛です。

一方、髪の毛もやはり、顔から生えてる毛、ですよね。むしろ髪の毛のほうがまつ毛や眉毛よりも、面積も大きくて、顔から大量に生えている毛と言えます。

そういう「髪」という存在は、ほとんど「顔の一部」。というよりむしろ、「顔そのもの」と言ってしまっていいのではないかと感じます。だから、髪を大切にする人は髪だけでなく全体的に美しく見えるんですね。

286

合コンで覚えていること

友人に、三度の飯より合コンが好きという男性がいるのですが、これは彼から聞いた話。

合コンが終わったあとの男子反省会では、よく「あの、お前の前の席にいたショートカットの子」とか「ひとり、髪を結んでいた子がいたよね？」といった会話が交わされているのだそうです。

女性がいなくなった席でも、髪の記憶で会話されているということを、ぜひ知っておいてください。

287

失恋と髪の断捨離

失恋したら髪を切るなんて、いつの時代の話？　と思いがちですが、長年ヘアチェンジの現場で仕事をしてきた私からすると、これ、結構効果的だと感じます。

ちょっとスピリチュアル感あるかもしれませんが、髪の毛って念が宿るんですよね。

なので、**彼との記憶を宿した毛先は、さっぱり断捨離してしまっていいかもしれない。**

髪型が変わると気分が変わる効果は、意外とあなどれないものです。

288

盛れないと頑張れない

以前、ある老舗百貨店の社内規定を見直す会議に呼ばれたことがあります。

その百貨店では、髪色の明るさが決められていて、肩につく長さ以上は髪をまとめて接客をするように指示されていました。髪だけではなく、まつ毛エクステや、ネイルも禁止だったようです。

ところが、ある社員から「**自分の見た目が盛れていないと、自信を持って接客ができない**」と、規定の改善を求める声が上がったのだそうです。そこで私が呼ばれ、髪色や髪型の社会的役割や、他業種での事例を聞かれました。

「**自分がキレイでいられる状態の髪型やメイクがあるのに、それをさせてもらえない**

ことで自信を持てない」というのは、とても残念なことだと私は思います。お客さまが不快に思わない清潔感があれば、このような規定はもう少しゆるやかになっていいのではないでしょうか。

また別の問題として、この企業では「生まれつき黒髪ではない人」についての規定がありませんでした。生まれたときから金髪の人、遺伝的に赤毛や茶髪の人などは、どうすればいいでしょう。

多様性を持った採用を考えるうえでも、これまでの髪型規定は見直す必要があるように感じましたし、そのようにお伝えしました。

たかが髪。されど、髪。

自分が自分らしくいられる髪型で生きていくことは、この会社の社員の方が声をあげたように自信にもつながりますし、自分らしさの表現にもつながります。

289

髪が心を引っぱってくれる

私の友人の話です。

以前、私が髪にまつわる書籍を書いたとき、構成の相談にのってくれたライターの友だちがいました。彼女は、その本の制作過程で何度も美容院に通い、長かった髪がどんどん短くなっていきました。

当時は「そんな気分なのかな？」と思って、とくにイメチェンの理由は聞かなかったのですが、つい最近、そのときの話をしてくれました。

実は私と一緒に仕事をしてくれていたとき、彼女、持病の腎臓病が悪化して、人工透析を勧められるほどになっていたのだそうです。

重い腎臓病は歩くのもやっとなのだとか。出かける準備でさえ大変な時期に、彼女は「髪型を変えたら人生も変わる」と書かれた書籍の中の言葉を思い出して、美容院に行ったのだそうです。

胸まであった髪を思い切って短くしたところ、彼女に変化がおとずれました。初めて会う人には「明るい人ですね」「元気な方ですね」と言われるようになり、「何も知らない人には、私は明るく元気な人に見えるんだ」と、力をもらったそうです。

その言葉に励まされ、闘病にし前向きになれたという彼女。最終的には、生涯透析の道ではなく、ご主人の腎臓を移植することを選びました。

手術は無事成功し、現在彼女は自身の経験を生かして記事を書いたり、医療コラムニストとして病気に悩む人たちの取材をしたりして活躍しています。

もちろん、髪型を変えたから、彼女が腎臓移植を選んだわけでも、手術が成功したわけでもありません。髪に病気を治す力はありません。

でも、「あのときは、本当に髪の力に助けられたんです」と言う彼女の言葉を聞き、髪にはその人の人生を支えてくれたり、後押ししてくれたりする力があるのだと感じました。

290 クセ毛は唯一無二の個性

剛毛、多毛に加えて、頑固なクセ毛がコンプレックスでした。私の話です。クラスのさらさら髪の女の子を、ひっそり羨ましいなあと思っていたものです。

ところが！　年齢を重ねていくうちに、髪は柔らかく細くなり、今ではクセがあることでちょうどいいボリュームや動きが出るようになりました。

最近ではクセを生かしたヘアスタイルを「素敵なパーマスタイルですね」と褒められることも増えました。

昔の私に教えてあげたい。そのクセ、20年後にはすごく好きになるよって。

291 隠すより生かす

雑誌の企画で、

・丸顔を隠すヘアスタイル
・丸顔を生かすヘアスタイル
・クセ毛を隠すヘアスタイル
・クセ毛を生かすヘアスタイル

という、自分の顔型や髪質を隠したり生かしたりする企画がありました。

私だけではなく美容師さんも驚いていたのですが、そのとき撮影したヘアスタイル、**9割以上の確率で「生かす」パターンのほうが、ずっと素敵で輝いて見えたのです。**「隠す」パターンのほうは、どこか寂しく、自信なさげに見えるのが印象的でした。

もし、自分の髪にコンプレックスがあったら、それを隠すのではなく生かす方向も考えてみてください。新しい自分に出会えるかも。

292

医療用ウィッグのヘアカタログ

今までいろんなヘアカタログを作ってきましたが、強く心に残っているのは、医療用ウィッグのヘアカタログです。

これは、印刷費や紙代をクラウドファンディングで募集して作った本。スタッフはみんなボランティアで参加し、できあがった本は全国の図書館や指定病院などに寄付させていただきました。

そのとき、ある医療関係者の方から言われた言葉が忘れられません。

「私たち医者は、**白血球の数値が落ちたと言われれば、対処します。でも、髪が抜けたと言われたときは『いつか必ず生えてくるから、今は我慢してください』としか言えない**。そんな医療の手の届かない部分を、美容の力でカバーしてくださってありがとうございます」

抗がん剤治療で髪が抜けやすい乳がんや子宮頸がんなどは、若くして罹患する患者さんが多いがんなのだそうです。小さなお子さんに内緒で、会社の人事部以外には内緒で、子育てしながら、働きながら闘病を続けている方も多いのだとか。

そういう方たちにとって、医療用ウィッグがちゃんとなじんで、かつらっぽく見えないことはとても重要なことなのです。

医療用のウィッグは高価なものが多いと聞きますが、多くの企業の努力で、手に入りやすい価格で似合わせやすいウィッグが増えていきますように。

293 髪がキレイ＝あなたがキレイ

ある女性が「メイクうまいよね」って言われると、微妙にディスられている気分になりますよねと笑っていて、ああ、なるほどーって思いました。メイクって、上から「盛る」ものだから、それがうまいと言われると微妙な気分になるの、わかります。

でも**髪は体の一部だから、キレイに整っているほど、「生まれつきキレイ」に見える。**

「髪がキレイですね」と言われるのは「あなた自身がキレイですね」と言われることに近いと思います。髪がキレイになると自分を好きになれるのはそのせいかも。

謝辞

いま、北海道の銭函《ぜにばこ》というすごい名前の駅にいます。北海道は私の地元。札幌で友人の美容師さんとご飯を食べていて、このあと母と合流すると言ったら、彼女は「久しぶりに信子さん（母）に会いたい」と、一緒に駅まできてくれました。

昨年、父が亡くなりました。スキルス胃がんと告知されてから半年でした。父は自宅から往復5時間かかる札幌のがんセンターに入院していたため、母は病院のすぐ近くに宿を借り、面会時間のほとんどを父と過ごしました。

父は、病気のことを母と私と弟以外の誰にも話しませんでした。知人のいない札幌で闘病を支える母は、誰にも相談できず、みるみるうちに痩せていきました。

そんな母が唯一、明るい顔になったのが、美容院から帰ってきたときのこと。病院に通いづめの母に、私は前述の札幌の美容師さんを紹介したのです。

母は、その美容師さんに父の闘病の話をしたのだそうです。辛抱強い性格の母は、人に悩みを打ち明けるタイプではありません。だから、初対面の彼女にそんな話をしていたと聞いたときは驚きました。その後、母は何度か彼女の美容院に通い、そのたびにいろんな話をしたようです。家から離れて一人きり。辛い時期を支えてくれたその美容師さんには、心から感謝しています。

この日、私が彼女を銭函まで連れっていったのはサプライズでした。父が亡くなって以来久しぶりに会う2人は、私そっちのけで楽しそうに話をしていました。

美容師さんとお客さまの間には、それ以外のどんな人にも築けない信頼関係があるように感じます。母とその美容師さんの笑顔を見ながら、今この瞬間にも、全国の美容院で、多くの美容師さんたちが、髪を通じて誰かの人生を支えているのだろうと思いを馳せました。私がこの本を書くことができたのも、そんな美容師さんたちに、髪の大切さ、髪が導いてくれる人生の豊かさを教えてもらったからです。みなさん、ありがとうございます。

素敵なイラストを描いてくださったcoccoryさん、かわいいデザインを組んでくださった原田恵都子さんと岬山栄美子さん。明るく優しくずっと背中を押し続けてくれた、かんき出版の今駒菜摘さんに、心から感謝いたします。

佐藤友美（さとゆみ）

【著者紹介】

佐藤　友美（さとゆみ）

◉――日本初のヘアライター。

◉――約20年のヘアライター人生で、約４万人、200万カットものヘアスタイル撮影に立ち合う。「美容師以上に髪の見せ方を知っている」とプロも認める存在で、日本はもとより、海外でも美容師向けの講演を行い、セミナーを受けた美容師はのべ３万人を超える。

◉――歯切れのいい解説で、NHK総合「あさイチ」、MBS・TBS系「林先生が驚く初耳学！」などのテレビ、ラジオ番組などで活躍する一方、ヘアアドバイザーとして全国の女性の髪の悩みにこたえ、高い満足度を得ている。現在、ESSEonline「ヘアの問題白黒つけます」やmi-mollet（ミモレ）「さとゆみの『ドラマな女たち』ヘア&メイクcheck」などを連載中。

◉――著書に、ベストセラーとなった『女の運命は髪で変わる』（サンマーク出版）、『女は、髪と、生きていく』（幻冬舎）などがある。

◀この本の発売記念イベントの動画が
こちらからご覧いただけます。

髪《かみ》のこと、これで、ぜんぶ。

2021年９月２日　第１刷発行
2023年３月１日　第７刷発行

著　者――佐藤　友美
発行者――齊藤　龍男
発行所――株式会社かんき出版
東京都千代田区麹町4-1-4 西脇ビル　〒102-0083
電話　営業部：03(3262)8011㈹　編集部：03(3262)8012㈹
FAX　03(3234)4421　振替　00100-2-62304
https://kanki-pub.co.jp/

印刷所――ベクトル印刷株式会社

ISBN978-4-7612-7566-2 C0095